AF497962

Statale34

Libero è solo chi è saggio, perché solo il saggio è padrone di se stesso, non teme né la povertà né la morte, né le catene, sa tener testa alle passioni e disprezza gli onori: privo di bisogni che lo fanno dipendere dalla volontà altrui, ha tutto in sé, perfetto e compatto come la sfera sulla cui levigata superficie nulla di estraneo può fermarsi e contro cui il destino sempre si scaglia furiosamente senza mai riuscire a intaccarla.

Orazio

Amato Russomanno

MILLE PENSIERI DI LIBERTÀ

Statale34

Titolo | Mille Pensieri di Libertà
Autore | Amato Russomanno
Immagine di copertina | creata da Chiara Russomanno

ISBN | 978-88-911-07-4

© Tutti i diritti riservati all'Autore
Nessuna parte di questo libro può essere riprodotta
senza il preventivo assenso dell'Autore.

www.statale34.it
www.chiararussomanno.it

E-mail autore: amatorussomanno@alice.it

Youcanprint *Self-Publishing*
Via Roma, 73 - 73039 Tricase (LE) - Italy
www.youcanprint.it
info@youcanprint.it

Prefazione

Questo libro è il frutto di un lavoro di gruppo. Il gruppo si chiama **Statale34** *ed è nato dal desiderio di alcune persone di esplorare insieme i grandi temi dell'esistenza umana. Tutto è iniziato circa quindici anni fa.*

Era il 2 ottobre del 1996 quando, dopo un'intensa giornata di lavoro, mi accingevo a imboccare l'autostrada per tornare a casa. Ero soddisfatto: il lavoro procedeva bene, era stimolante e mi gratificava. In esso ero riuscito a fondere due mie grandi passioni: la musica e la scienza. Una terza passione, la ricerca del significato della vita, o come alcuni dicono della verità, la riservavo all'età della pensione. Varcando il casello ero sereno e contento: in mezz'ora sarei arrivato a casa, dove mi attendevano mia moglie Cati e le mie figlie Francesca, Laura e Chiara.

Non potevo immaginare che da lì ad alcuni minuti tutto sarebbe cambiato e che la mia vita non sarebbe più stata la stessa.

Avevo percorso meno di dieci chilometri, quando vidi un gran numero di automobili ferme in mezzo all'autostrada. Erano veramente molto distanti, quindi incominciai a rallentare in tutta tranquillità. Un attimo prima di fermarmi, rivolsi uno sguardo allo specchietto retrovisore e la mia tranquillità svanì di colpo: una corriera arrivava a grande velocità e non dava alcun segno di rallentamento. Non avevo possibilità di spostarmi a destra o a sinistra e non c'era tempo per scendere dall'auto: ero in trappola! L'impatto fu violento, ma i danni fisici che riportai non furono gravissimi. Più gravi furono le conseguenze psicologiche.

Infatti, una volta guarito, dovetti rendermi conto che mi era diventato impossibile viaggiare, perché spesso si rinnovava la sensazione di essere in trappola, cui seguiva costantemente, una crisi di panico.

La mia carriera professionale, che si fondava in maniera essenziale sul viaggiare, era bruscamente terminata.

A quel punto decisi di ritirarmi in campagna per occuparmi di me e della mia famiglia. In quel preciso momento, le domande sul senso del vivere, incominciarono a riemergere e ad affacciarsi prepotentemente alla mia mente.

Mi resi conto che la fase della mia vita dedicata alla ricerca della Verità era già cominciata: molto prima delle mie previsioni.

Da quel momento si avvicinarono moltissime persone tutte animate dal medesimo desiderio:

comprendere la vita, le sue logiche misteriose e il disegno che collega nel profondo tutto ciò che in superficie appare separato.

Gli incontri con persone di ogni provenienza si susseguirono per anni a ritmi vertiginosi creando fra i partecipanti momenti di vicinanza e di intimo contatto, in un clima di umanità e fratellanza. Il numero di queste persone è veramente molto grande ed è impossibile citarle tutte, o anche solo ricordarle. C'è stato anche il contatto con maestri che hanno donato la loro luce, insegnanti che hanno condiviso le loro conoscenze e ricercatori che hanno testimoniato la loro esperienza.

Anch'essi sono molto numerosi, ma, salvo errori, confido di riuscire a citarli tutti:

Padre Anthony Elenjimittam,
Ramtha,
Patrizio Paoletti
Gregg Braden,
Antòn Ponce de Leòn,
Franz Winkler,
Giuliana Conforto,
Rafael Payeur
Angela Volpini
Ruben Cedeño,
Mauro Scardovelli,
Carolina Bozzo,
Eugenia Ortolani,
Ma Satyam Shurta,
Burhanuddin Herrmann,
Giorgio Sangiorgio,
José Manuel Chica Casasola,
Paola Giovetti,
Fulvia Cariglia,
Gianni Garofoli,
Enza Vincenti,
Luisa Benedetti.

Il confluire nel medesimo luogo di innumerevoli insegnamenti, diversi per origine, impostazione, scopo e orientamento, avrebbe certamente generato confusione, senza uno sforzo costante di analisi, sperimentazione e sintesi. *L'analisi serve per capire, la sperimentazione per applicare, la sintesi per comprendere.* Fare tutto ciò, è stato per quindici anni l'impegno costante dei componenti il gruppo **Statale34**. Una sera la settimana si teneva un incontro durante il quale si analizzava parte di un insegnamento, dopodiché si elaborava un programma di sperimentazione. Ognuno si assumeva il compito, durante tutta la settimana, di mettere in pratica ciò che aveva appreso. Nell'incontro successivo ognuno descriveva i risultati della sua esperienza, dopodiché si cercava di operare la sintesi dei contributi di tutti. Il senso di tutto ciò era quello di trasformare il sapere in comprensione.

Comprensione significa capacità di riconoscere l'unità nella diversità, raggiungendo una maggiore integrità e pace interiore. In poche parole: comprendere significa evolversi.

L'evoluzione produce poi un frutto che è il desiderio di condividere. Per questo, un ulteriore obbiettivo è stato quello di mettere a disposizione di altri il lavoro svolto. Le serate sono state registrate e trascritte, puntigliosamente, senza eccezioni, per un periodo di quindici anni. Ne è emersa una mole enorme di materiale: idee, insegnamenti, osservazioni, testimonianze e, numerosissimi punti di sintesi. Questi ultimi sono punti di incontro di realtà diverse, o contrapposte, che testimoniano la possibilità di unità e di pacificazione. Questo materiale è tuttora in via di pubblicazione in una collana di libri dal titolo **Statale34** di cui questo volume fa parte.

Ringraziamenti

Il *primo ringraziamento* va a mia moglie Cati, ineguagliabile e insostituibile compagna in un'avventura che, in nessun modo, avrebbe potuto realizzarsi senza di lei e senza il suo contributo, spesso invisibile e silenzioso.

Un *secondo ringraziamento* va alle mie figlie, che sono state sempre presenti in prima fila fin da bambine. Francesca, con la sua serenità, il suo ottimismo e il suo amore per gli animali. Laura, che col suo canto e la sua purezza, è stata per tutti fonte di gioia ed emozione. Chiara, che con la sua generosità e le sue capacità operative e organizzative ha sempre aiutato tutti e svolto ogni compito senza mai risparmiarsi. Ora che sono adulte, un nuovo ringraziamento va Laura, che cura la traduzione dei libri, e a Chiara, che disegna le copertine e le illustrazioni.

Un *terzo ringraziamento* a Nadia Lusuardi e Giovanna di Palma, che sono state le prime a credere in questo percorso e a volerlo. Nadia lo ha arricchito col suo amore per la verità e col suo istinto sicuro che le consente di riconoscerla ovunque si trovi e qualunque sia la fonte da cui provenga. Giovanna, con la sua fedeltà, attenzione e cura, portate avanti senza cedimenti, ha mostrato che cos'è un amore solido, capace di dare sostegno.

Un *quarto ringraziamento* a Cristina Canuti e Stefano Aiello. Cristina è l'esempio del fatto che l'unione di amore e perseveranza rende possibile ciò che ordinariamente è ritenuto impossibile. Senza di lei questa collana di libri non avrebbe mai potuto vedere la luce: è lei che in circa quindici anni ha trascritto, corretto e risistemato poco meno di mille incontri, spendendo in essi un pezzo della sua giovinezza e realizzando un grande equilibrio di forza ed amore. Stefano ha portato la ricchezza del suo buon senso, della sua saggezza, della sua mitezza e della capacità di mediazione unita all'esempio nel fare.

Un *quinto ringraziamento* a Giovanna Orlandi e Silvia Alcide. Giovanna ha portato la ricchezza della sua esperienza e la capacità di trasformare in atti di amore e responsabilità anche le esperienze più difficili. Silvia ha portato la sua vocazione per l'essenzialità, che la porta sempre a riaffermare l'amore e la volontà di costruzione, qualunque sia la difficoltà che le circostanze le mettono davanti.

Un *ultimo ringraziamento* a un gruppo di amici che sono arrivati nell'ultimo anno. Essi stanno compiendo la loro ricerca in maniera pura e impeccabile e danno contributi e consigli preziosi alla stesura dei libri, offrendo un aiuto di valore. I loro nomi sono: Cinzia Ferretti, Ricciardo Ferrari, Paola Cremaschi, Rosa Acri, Mara Brancolini.

Il libro della Vita

Immagine creata da Chiara Russomanno
www.chiararussomanno.it

Il libro della Vita

1 La Verità è la Vita nella sua interezza, senza l'esclusione di nulla.

2 La Vita è sconfinata, come un libro dalle infinite pagine.

3 L'uomo non può conoscere il Libro della Vita, ma può sfogliarlo pagina dopo pagina.

4 Progredire nella lettura delle pagine del Libro della Vita vuol dire vivere ed evolversi. Fermarsi nella lettura ripetitiva della stessa pagina significa sopravvivere.

5 La spinta a sfogliare le pagine del Libro della Vita è l'amore; l'ostacolo ad aprire una nuova pagina, è la paura.

6 L'amore è cambiamento, espansione e rinascita, la paura è abitudine, ripetizione e consumazione.

7 Vivere è come guidare un'automobile: la paura è il freno, l'amore è l'acceleratore. Servono entrambi, ma non si può guidare col freno premuto.

8 La coscienza dell'uomo non può contenere tutto il Libro della Vita. Per farlo dovrebbe essere infinita e dimorare nell'eternità. Può contenere una pagina alla volta. L'anima, invece, contiene tutte le pagine sfogliate fino a quel momento.

9 Il Tempo non esiste nel Libro della Vita. Il tempo è una illusione che la coscienza crea, per avere un binario su cui muoversi. In questo modo può sfogliare le pagine del Libro della

Vita e vivere le esperienze che ognuna di esse contiene. Il tempo deve essere creato, per permettere alla coscienza di esplorare, in successione, le parti di un Tutto incontenibile nella globalità; per permetterle di vedere, con sguardi successivi, ciò che non può essere colto con un unico sguardo.

10 Ogni coscienza individuale crea il proprio tempo, in base a come sceglie di percorrere le pagine del Libro della Vita. Coscienze diverse creano dimensioni temporali diverse, con strutture e binari del tempo diversi.

11 Innumerevoli sono i binari del tempo e le velocità di spostamento della coscienza sui binari, perché innumerevoli sono i modi in cui il Libro della Vita può essere letto.

12 Le innumerevoli coscienze individuali costituiscono un'unica coscienza universale. La Coscienza universale e il Libro della Vita sono la stessa cosa. Essa non ha bisogno del tempo, perché non vi è nulla da esplorare oltre se stessa, ma se vogliamo attribuirle un tempo, quel tempo è l'Eternità.

La Verità

La Verità

13 La Verità è tutto e ogni cosa.

14 La Verità è al di sopra delle opinioni degli uomini, perché la Verità è.

15 Nessuno può contenere la Verità. All'interno di un uomo la Verità non ci sta, manca lo spazio. Ognuno può però aumentare la sua capacità di contenere, ampliando il proprio spazio interiore.

16 Contenere vuol dire comprendere. Ampliare lo spazio interiore significa diventare più capaci di comprendere e di concepire.

17 Ampliare lo spazio della comprensione consiste nello spostare, un po' più in là, il confine di ciò che comprendiamo.

18 Il confine della nostra comprensione è il nostro orizzonte esistenziale, il nostro limite. Al di qua ci sono il conosciuto e lo sconosciuto possibile, al di là c'è l'inconcepibile.

19 L'inconcepibile è sempre impossibile. L'impossibile diventa possibile, allorché viene concepito.

20 Superare i nostri limiti significa conoscere lo sconosciuto e concepire l'impossibile.

21 Dopo che abbiamo reso conosciuto lo sconosciuto e reso possibile l'impossibile, il vecchio orizzonte si trova alle nostre spalle e un nuovo orizzonte si dispiega davanti a noi. Abbiamo abbandonato il passato e siamo entrati in un nuovo mondo.

22 La realizzazione dell'impossibile viene solitamente chiamata miracolo, ma le parole *miracolo* e *impossibile* sono solo definizioni elaborate dalla mente. Il miracolo è il realizzarsi di ciò che un pensiero limitato aveva giudicato impossibile.

23 L'impossibile è impossibile, cioè privo di esistenza. Infatti, *impossibile* significa *che non ha possibilità di esistere.* Non vi è quindi nulla nella realtà che corrisponda alla parola *impossibile*.

24 L'impossibile non esiste perché se esistesse, sarebbe reale e quindi certamente possibile. *Impossibile* è un aggettivo coniato dalla mente pigra o spaventata per non assumersi il compito di realizzare una possibilità che essa teme o rifiuta, ma che, in realtà, vede e riconosce benissimo.

25 La mente dominata dalla paura è prigioniera e produce pensieri limitati: sono pensieri di negazione e di impossibilità.

26 La mente animata dall'amore è libera e produce pensieri creativi: sono pensieri di affermazione e di possibilità.

27 Nessun uomo possiede la Verità, ma ogni uomo possiede il proprio punto di vista.

28 Un punto di vista è ciò che l'osservatore riesce a vedere dal punto in cui si trova. Un punto di vista è un frammento di realtà, ma non è la Realtà.

29 Ogni punto di vista è vero, ma nessun punto di vista è la Verità.

30 Ogni punto di vista può evolversi.

31 Un punto di vista avanza verso la Verità quanto più si amplia e diventa capace di includere altri punti di vista.

32 Includere i punti di vista degli altri è la grande opportunità di evoluzione che la comunità umana offre alla coscienza del singolo. Infatti, la comunità è *come-unità* e quindi rappresenta un passo imprescindibile verso l'unità.

33 Un punto di vista non è la Verità, ma la Verità è anche quel punto di vista.

34 La Verità è la visione che include tutto e quindi contiene tutti i possibili punti di vista.

35 Che Verità sarebbe una verità che ne nega un'altra? La Verità o contiene tutto o non è la Verità. La Verità è come il sole: illumina tutte le cose egualmente, senza esclusioni né preferenze.

36 La Verità non può essere incompleta. Un pensiero che esclude anche una sola cosa non è la Verità: è solo un punto di vista. Può essere ampio fin che si vuole, ma resta sempre e soltanto un punto di vista.

37 Un Dio che amasse qualcuno e odiasse qualcun altro che Dio sarebbe? Sarebbe solo un altro tiranno.

38 Un'idea di Umanità che escludesse anche un solo uomo, che idea di Umanità sarebbe? Sarebbe solamente un'altra forma di razzismo.

39 Se due punti di vista si contrappongono significa che sono sullo stesso piano. La linea di confine che li divide è il limite di entrambi. Condividono lo stesso limite, perché si trovano alla medesima distanza dalla Verità.

40 Di due punti vista opposti, nessuno è più vero dell'altro.

41 Due punti di vista opposti possono fondersi e diventare un punto di vista superiore. Quindi, per ognuno, l'altro rappresenta, al tempo stesso, il limite e la possibilità.

42 Fondersi col proprio opposto significa salire: salire di un gradino sulla scala della Verità.

43 Un punto di vista superiore è più vicino alla Verità rispetto ai punti di vista inferiori, perché li include tutti e li riconosce veri nella loro diversità.

44 La Verità non è una cosa, ma un processo. Non è un oggetto da possedere, ma una scala da salire.

45 La Verità è una scala che si può salire impiegando pazienza, coraggio e perseveranza. Lo sforzo di salirla fa crescere l'amore.

46 La Verità si rivela a chi la ama.

47 Colui che ama la Verità diventa sempre più capace di contenerla. Infatti, quotidianamente, libera spazio dentro di sé per accoglierla e ospitarla.

48 Bisogna amare la Verità per poterla cercare; cercarla per incominciare a vederla; incominciare a vederla per camminare verso di Lei ed espandersi attimo dopo attimo.

49 La Verità è l'oceano da cui proveniamo. Quell'oceano è la nostra natura profonda, e l'acqua che lo forma è l'acqua di cui siamo fatti.

50 Se volete aiutare qualcuno a guarire o ad alleviare la propria sofferenza, non dovete frugare dentro le ferite. L'aiuto non è consolare o gridare all'ingiustizia: ogni persona ha l'oscurità che si è costruita. Nascondersi, e nascondere la propria verità acconsentendo alla complicità del lamento, danneggia chi cerca l'aiuto e chi è disposto a darlo.

51 L'aiuto che potete dare a chi vive la sofferenza è testimoniare la verità che è in voi: la verità che vi appartiene perché vi sforzate di viverla costantemente tutti i giorni. È la vostra perla ed è importante mostrarla e offrirla.

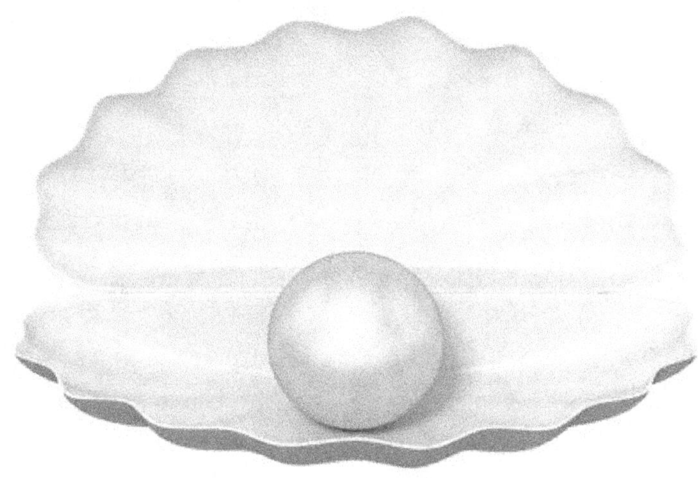

52 Uscire dalla sofferenza richiede insieme Amore e Forza.. La Verità è quell'Amore e quella Forza. Si può dissolvere la propria sofferenza e la propria oscurità attraverso la comprensione. Infatti, la comprensione è una porta che si apre, alla fine di un percorso di ricerca, per lasciare entrare la luce della Verità.

La ricerca della Verità

53 La ricerca della verità parte dalla consapevolezza che la vita non è solo ciò che si vede. Quello che si vede è la superficie, ma ciò che muove tutto quello che si vede, si trova in profondità.

54 L'uomo cerca la verità perché intuisce l'esistenza di un disegno, che collega nel profondo tutto ciò che in superficie appare separato.

55 Un cercatore della Verità sa una sola cosa: sa di non sapere. Per questo intraprende un cammino.

56 Il cercatore di Verità spera che lungo il cammino, la Verità si degni, un po' alla volta, di rivelarsi. Infatti, lo fa, ma non arriva mai col volto che egli immaginava: ha sempre un'altra faccia.

57 La Verità non ha nulla a che fare con le aspettative di chi la cerca.

58 Il mondo è come deve essere. Tutto ciò che esiste nel mondo, è vero perché è reale. Sta a noi imparare la lezione che ci offre. Giudicare il mondo ingiusto o sbagliato serve solo ad ostacolare la nostra ricerca della verità e a sprecare tempo.

59 Chi pensa di conoscere la Verità è meglio che non si unisca ai Cercatori di Verità, sarebbe totalmente fuori posto. Essi sono quelli che la cercano, non quelli che la possiedono.

60 Solo chi è lontanissimo dalla Verità crede di possederla.

61 Il cercatore di Verità è colui che sposa la Verità anche se non la conosce. La sposa perché la ama.

62 Sposare la Verità vuol dire metterla al primo posto. Vuol dire farne la propria Regina e servirla incessantemente.

63 Chi sposa la Verità, ed è pronto a trasformarsi per essa, è destinato a una vita straordinaria.

64 La via della Verità è la strada su cui si incontrano pace e benessere.

65 Se sposate la Verità, non dovete temere nulla, perché la vostra innocenza vi protegge da tutto.

66 Il cercatore della Verità di solito non passa per il dolore, ma anche se ci passa non se ne cura.

67 Quanto durerà la ricerca della Verità? Fin quando non la troveremo, fin quando non arriveremo alla sommità della scala. Allora il fatto che non la troveremo mai visto che la scala non ha fine è una bella notizia perché significa che siamo eterni.

68 La ricerca della Verità, non è la ricerca di ciò che si desidera, non è il desiderio. Il desiderio è l'illusione che conduce alla delusione. La Verità non delude mai, espande sempre.

69 La ricerca della Verità nasce dalla fiducia in una vita illimitata che non deve diventare meravigliosa perché lo è già. Si tratta solo di scoprirla giorno dopo giorno.

70 La Libertà è la conseguenza dell'amore per la Verità, non del suo possesso.

71 Se sposate la Verità, dovete essere pronti ad accettare che le vostre certezze vengano buttate nella spazzatura.

72 La cosa che maggiormente rifiutate è quella che più vi serve.

73 Per chi vuol dormire, la Verità è un'ingiustizia insopportabile, ma per chi vuole svegliarsi è un canto di libertà.

74 Per evolversi non serve un maestro, non serve una scuola, non serve una religione: serve solo il quotidiano. Molti però hanno perso la capacità di leggere il proprio quotidiano perché si sono allontanati dalla strada della Verità. Ecco allora che possono servire una religione, una scuola, un maestro, ma solo per ritrovare la via e riprendere la lettura interrotta.

L'essere e l'evoluzione

L'essere e l'evoluzione

75 Molti uomini cambiano pochissimo nel corso della propria vita. Acquisiscono ricchezza, sapere, riconoscimenti, relazioni, ma non espandono il loro essere. Così, alla fine, sono poco diversi da ciò che erano all'inizio.

76 L'essenza di una qualunque cosa è la sua realtà più profonda, la sua natura. L'essenza dell'uomo si veste di un corpo umano al momento della nascita; si nutre e si espande grazie alle esperienze della vita; supera ogni cambiamento, compresa la consumazione e la fine del corpo. Al momento della morte, ciò che l'essenza ha acquisito, perché è diventato parte dell'essere, lo porta con sé; ciò che ancora non le appartiene lo lascia.

77 L'espansione dell'essere è trasformazione.

78 Trasformazione significa superamento della forma esistente. *Trans-forma* vuol dire *al di là della forma*.

79 La trasformazione può esserci tutti i giorni.

80 Se restate ciò che siete tutto resterà come è.

81 L'evoluzione avviene nella vita, ma riguarda l'essere. Una volta avvenuta, però, si riversa su ogni aspetto del vivere. Infatti, l'evoluzione dell'essenza arricchisce l'esistenza.

82 Il processo evolutivo, o cammino di crescita, è un susseguirsi di stati di equilibrio. Ogni stato è un nuovo equilibrio, più ampio e più ricco del precedente. Nel nuovo stato l'uomo è qualcosa di più e di meglio di ciò che era prima.

83 Un vero cammino di crescita si svolge nella responsabilità, ma si compie senza forzature.

84 Responsabilità e leggerezza insieme, sono la manifestazione di un equilibrio raggiunto.

85 Il cammino di crescita non è la ricerca della sicurezza o del piacere, ma è il perseguire un valore più elevato, superando le difficoltà, con costanza: esattamente come scalare una montagna per raggiungere la cima.

86 Alla costanza, dopo un certo tempo, si aggiunge la gioia.

Attendi...

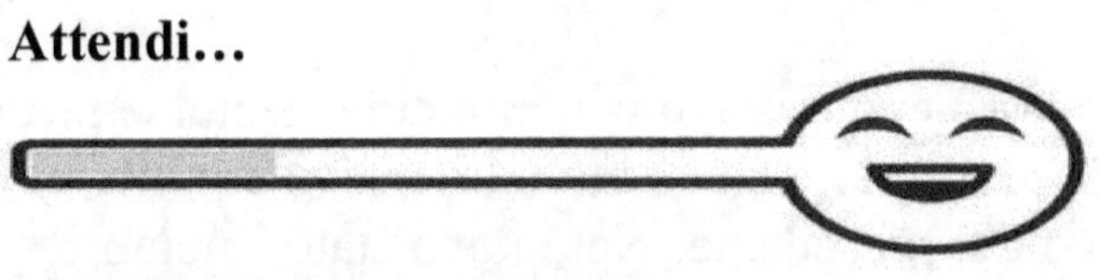

La GIOIA si sta scaricando ...

87 L'impossibile appare in una mente spaventata.

88 La mente spaventata è la mente che è caduta sotto l'influenza della paura e non è più animata dall'amore.

89 Per entrare in un mondo più grande bisogna ricreare il flusso dell'amore, bisogna riaprire la spirale della vita.

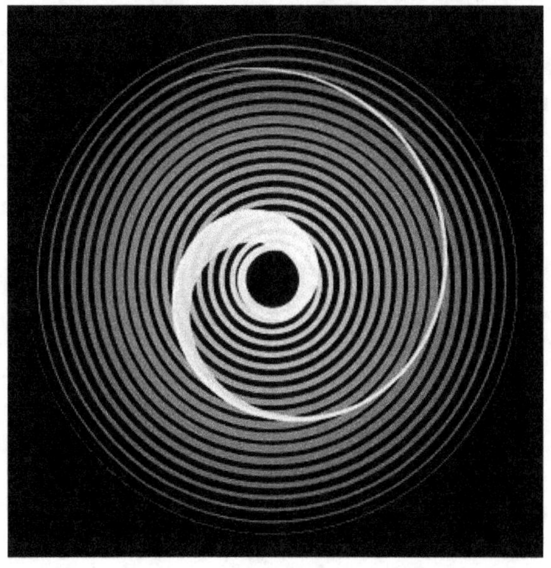

90 Il mondo più grande si offre a noi quando noi ci offriamo a lui.

91 La pace del mondo e la nostra pace sono la stessa pace.

92 Ci sono cose che non potete vivere, e neppure conoscere, se prima non espandete il vostro essere. E ce ne sono altre che non potete neanche lontanamente immaginare.

93 Imparate il significato del piano esistenziale dove vi trovate e poi salite al piano superiore. Perché nel piano inferiore potete vedere una sola cosa alla volta, ma dal piano superiore, con un solo sguardo, vedete tutto ciò che il piano inferiore contiene.

94 Il potere della vista dall'alto è grandioso: basta uno sguardo per scorgere, in un istante, l'infinito sottostante.

95 Vivere su un piano ci serve per imparare la lezione che quel piano contiene e ci offre. Una volta imparata la lezione, non serve più attardarsi in quel luogo ed è meglio andare oltre.

96 A volte, il piano su cui si svolge la vita è la superficie di un pianeta. Non stupisce allora che la parola *pianeta* derivi da *piano*.

Lo sconosciuto

Lo sconosciuto

97 Quella che chiamate realtà è solo un piccolissimo frammento. È l'immagine del mondo elaborata sulla base dei dati forniti dai sensi. I vostri sono limitati: al di là di ciò che essi percepiscono c'è molto di più. Anche la capacità di elaborazione potrebbe essere molto migliore.

98 Quella che chiamate realtà è una rappresentazione elaborata dalla mente. È una rappresentazione limitata, parziale, soggettiva e, non di rado, distorta. È inevitabile che sia così, ma bisogna esserne consapevoli: solo così la rappresentazione può evolversi.

99 Siete immersi in una realtà sconosciuta e immensa che non vedete mai, ma che interagisce con voi in continuazione, sia esternamente che internamente.

100 Oltre il conosciuto c'è lo sconosciuto, e lo sconosciuto è quasi tutto.

101 Lo sconosciuto è dappertutto e vi tocca continuamente.

102 Lo sconosciuto è quello che c'è al di là del tempo e dello spazio, del grande e del piccolo, della vita e della morte; al di là di ogni categoria della mente e addirittura al di là di ciò che essa può concepire e immaginare. Tutto questo *"al di là"* è sempre presente ed è in continuo movimento.

103 Lo sconosciuto è invisibile, perché, anche se i sensi lo intercettano continuamente, il cervello non è programmato per riconoscerlo.

104   La paura dello sconosciuto ci spinge sempre a ritornare al conosciuto che ci appare come un rifugio sicuro.

105   Rifugiarsi nel conosciuto vuol dire coltivare una falsa sicurezza che non ci protegge, ma ci danneggia. Non ci protegge, perché lo sconosciuto è ovunque, fuori e dentro di noi: quindi è impossibile sfuggirlo. Ci danneggia, perché lo sconosciuto ci coglie sempre impreparati, soprattutto quando arriva sotto forma di un grande cambiamento.

106   Non bisogna temere lo sconosciuto, ma amarlo. Se ci si accosta ad esso con un atteggiamento di amore anziché di paura si scopre che lo sconosciuto è la ricchezza e la bellezza della vita. Il passaggio dalla paura dello sconosciuto all'amore per esso ha conseguenze incalcolabili sulla qualità della vita di chi lo compie perché rappresenta il passaggio dalla miseria alla totale ricchezza. È un passaggio che può risultare molto difficile. La difficoltà non risiede tanto nel compierlo quanto nel concepirlo. Per riuscire a concepire l'amore per lo sconosciuto possiamo trovare aiuto nei miti e nelle favole, nei testi sacri di ogni religione, nelle ampie sintesi della scienza moderna e nella bellezza delle grandi opere d'arte. Una poesia che descrive in maniera ineguagliabile e sublime il passaggio dalla paura dello sconosciuto all'amore per esso è *L'infinito* di Giacomo Leopardi.

107   Tutti gli insegnamenti spirituali descrivono una medesima realtà: la coscienza di sé qui ed ora. Non c'è altro che valga la pena di esplorare e di vivere, perché la coscienza di quel punto privo di dimensione che chiamiamo *qui ed ora* è il contatto con l'infinito e l'eternità.

L'amore e la paura

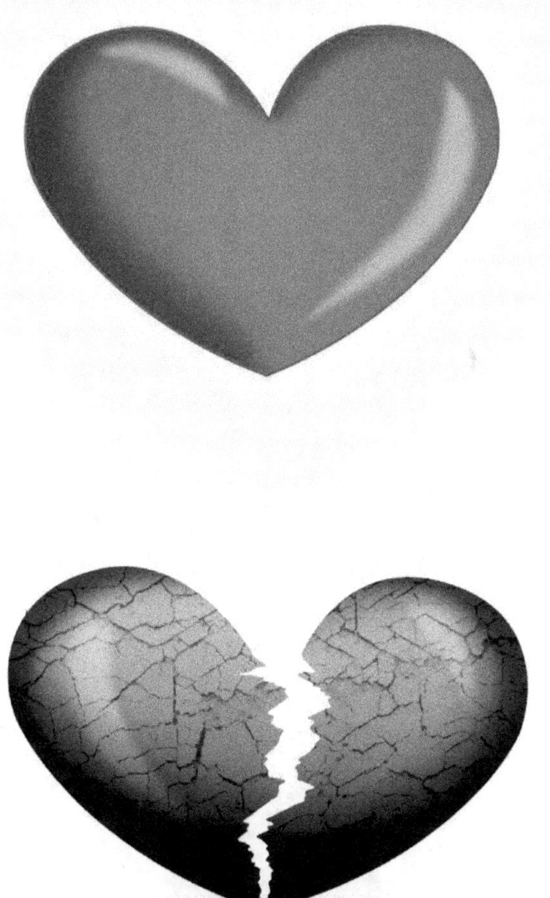

Immagine creata da Chiara Russomanno
www.chiararussomanno.it

L'amore e la paura

108 Tutto l'amore che date, lo date a voi.

109 L'amore arricchisce chi lo dona e riscalda chi lo riceve.

110 L'amore crea la vita e la fa funzionare.

111 Se diamo amore ad una possibilità, essa comincia a vivere. Se poi lo togliamo, essa comincia a morire.

112 Vi è una soglia oltre la quale, la possibilità cui abbiamo dato vita col nostro amore acquista un'esistenza propria. Allora può continuare anche senza di noi. Se continuiamo a offrirle il nostro amore, esso diventa aiuto e non più nutrimento indispensabile.

113 L'amore, o lo alimenti e cresce, o smetti di alimentarlo e diminuisce.

114 Dare amore, ci addestra all'amore. Se oggi diamo molto, domani daremo molto di più.

115 L'amore per il prossimo senza l'amore per Dio è una mezza bugia e l'amore per Dio senza l'amore per il prossimo è l'altra mezza bugia.

116 L'amore per Dio senza l'amore per il prossimo è una ricchezza accumulata e mai spesa. L'amore per il prossimo senza l'amore per Dio è una ricchezza in parte dispersa. Entrambe sono di poca utilità per la vita.

117 Quando l'amore per Dio e l'amore per il prossimo sono la stessa cosa, la vita scorre, l'amore trabocca, e tutto sboccia naturalmente.

118 Avete mai visto la paura arrivare attraverso il piacere? Se non l'avete mai visto, fermatevi e scendete dalla giostra del piacere. Poi incominciate ad osservare.

119 La paura arriva in punta di piedi, si presenta sommessamente e piacevolmente, vestita in modo da non farsi riconoscere. Arriva sotto la forma del piacere e della seduzione.

120 Se la paura arrivasse nella sua vera veste di oscurità che possiede e dilania, non avrebbe alcun potere sull'uomo e non conquisterebbe mai nessuno.

121 La paura travestita da piacere, bisogna smascherarla. Così facendo, non le apriremo la porta e non le permetteremo di trascinarci nell'oscurità e nel dolore.

122 La paura basa il suo potere su una menzogna. Quale menzogna? Che un figlio di Dio possa non aver valore.

123 La paura ti butta fuori da te, l'amore ti riporta in te.

124 La paura porta sempre altrove, l'amore sempre al centro.

125 L'amore ti riporta al centro di te stesso, il luogo, dove esisti veramente.

126 L'amore richiede forza e intelligenza.

127 La maldicenza è paura manifestata con la parola.

128 Bisogna interrompere il contagio della paura che si esprime nel maledire. In seguito potremo dare inizio al contagio dell'amore che si esprime nel benedire.

129 Benedire sempre, mai maledire. Questo cambia tutto. Trasformarsi significa: incominciare a benedire ciò che prima maledicevamo.

130 Quando l'uomo ha paura, spesso tende a consolarsi col piacere, e questo sul momento funziona, ma alla lunga non funziona più, perché riconferma la paura da cui voleva fuggire. Fuggire la paura rifugiandosi nel piacere, fa aumentare la paura che fa aumentare la richiesta del piacere, che fa aumentare ulteriormente la paura: è un circolo vizioso, com'è vizioso colui che si appaga di un piacere fine a se stesso.

131 Fuggire la paura significa rifugiarsi in un luogo sicuro: un piccolo spazio che diventa ben presto una prigione. In seguito la prigione si riempie di sofferenza.

132 La paura va guardata in faccia. Solo così si scopre la materia di cui è composta. Di che cosa è fatta la paura? La paura è fatta di niente.

133 È il Nulla che ci spaventa, ma il Nulla non esiste, perché, se esistesse, sarebbe qualcosa.

134 L'amore: non si tratta solo di parlarne, si tratta di farlo vivere, fluire e agire. Si tratta di farlo funzionare, in modo che diventi realtà. Il suo amore, un fornaio lo trasforma in pane, che poi viene mangiato. Chi lo mangia si nutre del pane, ma si nutre anche, invisibilmente, dell'amore del fornaio. L'amore quando viene manifestato, piccolo o grande che sia, è sempre un nutrimento per tutti.

135 L'incontro è una caratteristica fondamentale dell'amore.

136 La paura di morire esiste perché sapete che non vivete: la morte vi coglierebbe nell'incompiutezza. Se vivete veramente, non avete paura di morire perché la morte è uno dei tanti eventi della vita, e non è certo il peggiore.

137 Il modo giusto per rapportarsi alla vita e alla morte, è il medesimo: *essere pronti*. Essere pronti, significa essere più grandi di tutte le proprie paure, compresa quella della morte.

Paura   **Amore**

Il negativo e l'irrequietezza

138 *Il Negativo è il potere della distruzione.* Quando è nella mente, è un potere interno, quando esce dalla bocca, diventa anche un potere esterno. Il pensiero negativo compie un'opera di distruzione interna. Uscendo dalla bocca il *mal-pensare* diventa *male-dire*, trasformandosi in azione, diventa *malefatte* e compie la sua opera di distruzione esterna. Allora impegnatevi a non fare uscire il negativo dalla vostra bocca. La parola, una volta detta, non vi appartiene più, ma diventa parte della realtà. Ne avrete comunque la responsabilità e dovrete, inevitabilmente, misurarvi con gli effetti che essa ha prodotto.

139 Il negativo, sia interno che esterno, è sempre un inferno. Se lo create, dovrete viverci. Meglio non crearlo.

140 Il negativo produce irrequietezza. È un'irrequietezza nel vivere che ha le sue componenti nel pensare, nel sentire e nel muoversi. Questi tre aspetti, interagendo, si sostengono e si potenziano a vicenda. L'irrequietezza nel pensare è un lievitare di pensieri, spesso incoerenti, che riempiono di sé tutta la mente. L'irrequietezza nel sentire è composta di tutta la gamma delle emozioni negative prima fra tutte la paura. L'irrequietezza del muoversi è composta di stati e movimenti automatici del corpo come contrazione, stanchezza, tic nervosi, assunzione di sostanze e dipendenza da esse quali nicotina, alcool, cibo etc.

141 La persona irrequieta si muove in maniera sempre più veloce nel pensare e sempre più inconcludente nel fare. Diventa sempre meno efficiente perché il disordine della mente le prende la mano.

142 La prima cosa che l'irrequietezza produce è l'inefficienza.

143 Un buon antidoto all'irrequietezza è il pensiero preciso. Come l'irrequietezza riempie la mente, altrettanto il pensiero preciso la svuota. Il pensiero preciso ordina le informazioni per importanza, elimina quelle inutili e organizza quelle utili e così libera spazio mentale.

144 L'irrequietezza ci prende la mano, il pensiero preciso, la guida.

145 L'irrequietezza riempie la mente di spazzatura. Per trovare la pace bisogna svuotarla.

I semi e il nutrimento

I semi e il nutrimento

146 I pensieri sono esseri viventi e producono immancabilmente il loro ritorno.

147 Le idee sono semi e la mente è il terreno che li accoglie.

148 Potete scegliere che terreno essere e che semi seminarvi. Voi siete il terreno, voi siete i seminatori. Non tutti i semi, che avete scelto e seminato, germoglieranno, ma solo quelli adatti al terreno che avete preparato.

149 Le cose che appaiono difficili, possono essere molto facili: basta cambiare coltivazione. Come si fa? Si mette a tacere la mente spaventata, quella che dice sempre *"no"*, si zappa un nuovo terreno e si seminano altri semi.

150 I nostri nutrimenti sono: terra, acqua, aria, fuoco. La terra è ciò che mangiamo, l'acqua ciò che beviamo, l'aria ciò che respiriamo, e il fuoco sono le impressioni che ci raggiungono e sono il cibo della nostra psiche. Le impressioni non vanno sottovalutate. Bisogna imparare a selezionare le impressioni, o addirittura a produrne di utili intenzionalmente.

151 Imparare a scegliere il proprio nutrimento è il frutto di una grande consapevolezza. L'uomo, normalmente, non sceglie il nutrimento che lo libera, ma quello che, in quel momento, gli piace. Non si chiede se quel nutrimento lo imprigiona.

152 È possibile coltivare un orto di impressioni come si fa con le verdure. La coltivazione richiede molta cura e un'attenzione continua alle erbacce.

153 Le impressioni non si vedono, a differenza delle bistecche, ma sono molto più nutrienti e indispensabili.

154 Le impressioni sono un nutrimento potente. Quelle utili sono preziosissime, quelle dannose, un vero e proprio veleno.

155 La televisione ci mette dentro tanti cavalli di Troia senza che ce ne accorgiamo: sono le impressioni create dalle immagini. Come dal ventre del cavallo fuoriescono i soldati nemici, allo stesso modo, ogni impressione, una volta entrata nella mente, libera le informazioni impercettibili che contiene. Esse assumono il comando della mente e dirigono la nostra attenzione verso obiettivi prestabiliti. Così noi, in maniera cieca e inconsapevole, contribuiamo, alla creazione di una realtà voluta da altri. È un aspetto difficile da comprendere e va approfondito. La guerra che c'è ovunque nel mondo moderno, non avviene più, come nel passato, per il possesso dei territori e delle ricchezze, ma per il possesso dell'attenzione dell'uomo. È una guerra per il possesso della coscienza dell'umanità. Infatti, la coscienza collettiva crea la realtà e quindi vale più di qualunque ricchezza.

156 Quando non abbiamo coscienza di noi, siamo dei sistemi aperti in cui può entrare di tutto. Questo tutto può portarci dappertutto. Ciò che è entrato può sedurci cioè portarci verso di sé. Dobbiamo essere presenti a noi stessi e selezionare le impressioni che entrano, per evitare che la nostra interiorità diventi una pattumiera. Se ciò è accaduto, possiamo accorgercene perché la mente è dominata dall'irrequietezza e le nostre azioni spesso non corrispondono al nostro volere e al nostro sentire. Riappropriarci di noi stessi incomincia con l'utilizzo di un pensiero preciso e consapevole che rifiuta di accogliere i semi della seduzione.

Il piacere e la felicità

157 Le sensazioni che si percepiscono nel corpo sono di natura chimica e dipendono da sostanze autoprodotte o immesse dall'esterno. Quando la mente istintiva ritiene che una sostanza sia utile all'organismo, classifica la sensazione come piacere.

158 Il compito della mente istintiva è quello di provvedere alla continuazione della vita. Il piacere è la gratificazione che essa elargisce in cambio di un'azione utile alla vita.

159 Il piacere è il premio che la natura offre a chi opera in armonia con le sue leggi.

160 Oltre al giusto piacere, utile alla vita, si può sviluppare nel tempo anche un piacere perverso, dannoso alla vita.

161 Il piacere perverso deriva dalla ricerca del piacere per il piacere. Ciò accade quando il pensiero devia dalle leggi della vita e, alterando il significato del piacere, lo considera uno scopo anziché una conseguenza.

162 La perversione consiste nel cercare di estrarre il piacere da una situazione, in maniera artificiale, impiegando la forza o l'astuzia. È il tentativo di incassare un premio non guadagnato.

163 Il piacere perverso è il piacere che ha come fine se stesso.

164 Il piacere perverso è ingannevole perché è piacere rubato.

165 Il giusto piacere è semplice e spontaneo. L'uomo che l'ha meritato ne gode per il tempo che dura, dopodiché lo lascia andare serenamente. Lo considera un dono gradito e non si sente privato di nulla, allorché il piacere finisce.

166 Il piacere perverso è innaturale, e si trasforma in dolore. L'uomo che l'ha rubato lo considera una sua proprietà e si sente a sua volta derubato allorché finisce. Da qui il rifiuto a lasciarlo andare che è l'attaccamento.

167 Mantenere costante la sensazione del piacere richiede la reintroduzione e l'aumento della sostanza che lo crea. Ciò spinge a reiterare l'evento o lo stimolo che la introduce nel corpo.

168 La ricerca del piacere, diventa dipendenza, perché richiede stimoli sempre più forti, esattamente come accade per la droga.

169 L'uomo non è fatto per il piacere, è fatto per la felicità.

170 Qual è la differenza fra la felicità e il piacere? La felicità contiene il piacere, il piacere non contiene la felicità. La felicità è uno stato dell'essere, il piacere un moto di sostanze chimiche.

171 Il piacere va e viene perché dipende dagli eventi, la felicità permane perché dipende dall'essere.

172 La via della felicità include il piacere. La via del piacere esclude la felicità.

173 Il piacere, contenuto nella felicità, è naturale e non ha controindicazioni. Il piacere, fine a se stesso, svanisce e lascia nell'amarezza, perché non trova il proprio significato nell'anima.

174 Il piacere perverso, quando finisce, induce un senso di privazione nel corpo e di mancanza nella psiche. Così, la dipendenza si è estende dal corpo alla personalità.

175 Quando il senso della mancanza impregna la psiche e invade l'inconscio, cessa di essere mancanza di una cosa e diventa mancanza di ogni cosa. Diviene un atteggiamento permanente.

176 Nell'atteggiamento della mancanza, la vita non viene più letta per ciò che contiene, ma per ciò che manca. La ricchezza diventa invisibile e la vita indossa i panni della miseria.

177 La ricerca della Verità produce libertà e felicità. Il piacere è una conseguenza. La ricerca del piacere fine a se stesso porta alla dipendenza, al dolore, e allontana dalla Verità.

178 La *Vera Vita* è il frutto della ricerca della Verità, non del piacere.

179 La ricerca della Verità rende liberi. La libertà rende felici. La felicità si esprime nel corpo come salute e piacere.

180 La ricerca del piacere rende schiavi. La schiavitù rende infelici. L'infelicità si esprime nel corpo come dolore e malattia.

181 La guarigione da ogni malattia consiste nel ritrovare l'amore per la Verità e nel ristabilire il contatto con essa.

182 La guerra nel pianeta è la malattia della creatura chiamata Terra. La malattia nel nostro corpo è la guerra dentro di noi. Ogni cosa è un organismo vivente; per questo la guerra e la malattia sono la stessa realtà. Alla fine di ogni guerra gli uomini si sono sempre sentiti salvi. La pace nel mondo è salvezza, la pace nel corpo è salute. In latino *salus* vuol dire sia *salvezza* che *salute* e, anche, guarda caso, *santità*. La lingua italiana non è da meno e attribuisce suoni simili alle parole *santo* e *sano*, *santità* e *sanità*.

183 Che cos'è la perversione in generale? Perversione è ogni comportamento che si oppone al funzionamento della vita. In natura tutto è collegato grazie a una catena di dare e ricevere. Ogni realtà riceve e dà, viene servita e serve, è un fine per altre e ha un fine fuori di sé. La perversione si ha quando una realtà diventa il fine di se stessa. Accade perché ha talmente impoverito il proprio rapporto col mondo che non vede altro da sé. Allora pretende il nutrimento, ma non lo dà, esige di essere servita, ma si rifiuta di servire. La perversione del vivere si chiama egoismo.

184 La perversione non funziona, perché ciò che diventa il fine di se stesso, si estingue in se stesso. In termini esistenziali, la perversione è la fase finale di un processo di chiusura progressiva governato dalla paura.

185 La perversione è il sintomo di un organismo morente. Infatti, vivere nella perversione, porta precocemente alla morte.

186 La grande perversione del mondo moderno è costituita dal denaro. Si è prodotta quando il denaro è diventato il fine di se stesso o, per dirla diversamente, il mezzo per ottenere altro denaro. Quando lo scopo del denaro è il denaro stesso, si persegue una ricchezza illusoria il cui prezzo è la distruzione della ricchezza reale.

187 L'illusione ha un potere immenso e distruttivo. Inseguire le illusioni, distrugge l'umanità reale e la sostituisce con l'umanità virtuale. Senza un risveglio, un cambiamento e una rinascita, per la civiltà contemporanea si prospetta il declino o la distruzione.

188 La causa della distruzione non è il denaro e neppure la perversione, ma l'illusione che ne è all'origine. Il denaro è diventato un idolo in cui credere. È un idolo creato dalla mente umana cui l'uomo, in seguito, cede tutto il suo potere.

Infatti il denaro, in sé, non ha alcun potere: è carta stampata dall'uomo che ne può stampare quanta ne vuole. E non si dica che ciò ne farebbe diminuire il valore, perché il valore, in sé, non ce l'ha mai avuto. Il valore del denaro è una credenza che la mente, prima inventa, poi adora.

189 Il denaro è l'idolo che rappresenta il piacere che l'umanità pretende di estrarre dalla natura senza nutrirla e senza rispettarla.

190 Il potere di un idolo risiede nel suo significato: la ribellione alle leggi del funzionamento della vita e quindi a Dio.

191 L'idolo è il sostituto di Dio, la parte che, nella sua superbia, pretende di usurpare il posto del Tutto.

192 Dio è l'immensa energia della Vita che eternamente scorre. L'idolo è il potere seduttivo della morte. Nasce, luccica e muore, dopodiché viene sostituito
da un altro idolo.

La pace e la guerra

La pace e la guerra

193 Non potrete mai contribuire veramente alla pace del mondo, se non comprendete che alla base della pace cui aspirate, deve sempre esserci la vostra pace. Come potete esportare la pace, se prima non esiste dentro di voi? Se tentate di farlo, lavorerete per la pace, ma produrrete la guerra.

194 Non potete comprendere la natura della pace se prima non fate l'esperienza della pace dentro di voi.

195 La pace non può essere imposta, può solo essere scelta, amata e, da ultimo, vissuta. Tutto ciò deve incominciare nel vostro mondo individuale: nei pensieri, nelle emozioni, nelle parole, nelle azioni e nelle relazioni.

196 Coltivare la pace inizia con la consapevolezza di avere un potere immenso e continua con la scelta responsabile di non usare questo potere in maniera distruttiva. Il primo passo è smettere di partecipare alla guerra. Per compierlo bisogna prima riuscire a vedere in quanti modi, tutti i giorni, lo si sta facendo. Chi ottiene questa visione compie un atto di inestimabile valore per se stesso e per gli altri.

197 In qualunque momento possiamo sottrarre il nostro appoggio alla guerra, nessuno può obbligarci a combattere. Può solo cercare di indurci a farlo.

198 Se combattiamo è perché abbiamo dato il nostro consenso alla guerra.

199 La guerra non è solo nelle battaglie e neppure solo nelle azioni. Quelli sono i risultati visibili. La vera guerra, la guerra invisibile e interiore che crea quella visibile ed esteriore, è la guerra nei pensieri e nelle emozioni.

200 Partecipare alla guerra, coltivando conflitti, divisioni, complicità, maldicenza... invece di amore, bellezza, unità, fratellanza... è un disastro, una rovina globale dentro e fuori di noi. È quel disastro per cui degli esseri grandiosi e divini come noi siamo, si sono ridotti a un livello di vita vergognoso, indegno di esseri umani. Per questo la saggezza antica diceva: *uomo, conosci te stesso*. È bene che tu conosca te stesso perché, se non lo fai, vivi nell'ignoranza di chi sei. Questa non conoscenza di te è come una falla, un buco nella coscienza attraverso cui entra ogni cosa. Tutto ciò che entra, ti possiede e ti porterà inevitabilmente verso la sofferenza e la guerra.

201 Tutto il dramma dell'uomo, e l'immensa fatica del vivere, derivano dell'enorme quantità di energia spesa per finanziare guerre di tutti i generi.

202 Schierarsi vuol dire alimentare la guerra. Non c'è pace in uno schieramento.

203 La paura vi spinge dapprima a schierarvi e poi a combattere.

204 La paura spinge alla guerra, ma è l'ignoranza che fornisce le armi.

205 La pace può solo essere amata, scelta e vissuta. La pace non è il bottino del vincitore.

206 La strada che porta alla pace viene costruita per amore della verità. La pace nasce solo lungo un cammino di verità.

207 Coltivare la Pace richiede un atteggiamento di Verità e di purezza che non contiene accusa o giudizio.

208 L'uomo può vivere secondo due attitudini: quella dell'anima o quella dell'ego. La prima è frutto dell'amore e conduce alla pace; la seconda è il prodotto della paura e crea la guerra.

209 Coltivare la pace in se stessi, nella famiglia e dovunque, significa innaffiare i semi dell'anima che poi sbocciano e fioriscono nella personalità.

210 La mente ha il compito di mantenere la direzione che avete scelto. Se svolge il suo compito impeccabilmente, vi aiuta a riappacificare tutte le guerre che sono dentro di voi. La guerra, infatti, è solo un pensiero inquieto perché dominato dalla paura.

211 Facendo la guerra, create la divisione dentro e fuori di voi.

212 Se la sera siete molto stanchi è perché avete combattuto tutto il giorno.

213 In che modo io, nel mio quotidiano, scateno la guerra? Rispondere a questa domanda viene prima di tutto.

214 Vedere come create la guerra vi dà la possibilità di non crearla più.

215 Innescare la guerra non vuol dire necessariamente arrivare agli insulti. Quando, con grinta eccessiva, rispondete a qualcuno: *Non è vero!...* È già guerra.

216 La guerra, la scatenate sempre, col vostro squilibrio.

217 Dovete chiedervi: *qual è la mia guerra*? Quando vedrete la guerra che c'è dentro di voi, comprenderete quella che vivete fuori.

218 Bisogna sempre contemplare il dentro per comprendere il fuori.

219 Non potete dire: la guerra la scatenano gli altri. La guerra è guerra: chi la combatte, la crea.

220 Le guerre non esistono di per sé, esistono nella misura in cui vengono combattute.

221 Non ci sarà mai la pace finché l'uomo non ne comprenderà l'essenza.

222 Senza pace non esiste coscienza di sé. Infatti, la coscienza cresce di pari passo col dissolversi dei conflitti.

223 La pace del mondo, ottenuta attraverso le leggi, in realtà è una tregua. È una tregua della guerra e quindi è parte della guerra. La pace richiede un cambiamento profondo.

224 La natura della Pace.
La pace non è la sospensione della guerra: quella è una tregua.
La pace non è essere contro la guerra: quello è un altro tipo di guerra.
La pace è uno stato dell'essere in cui la guerra non può accadere.
È lo stato in cui l'uomo è sempre per e mai contro.

225 Il mondo afferma: *gli altri non sono noi e i loro figli non sono i nostri figli*. Comprendere che gli altri sono noi e che i loro figli sono i nostri figli, renderebbe la guerra impossibile.

226 La fratellanza è la capacità di riconoscere noi stessi negli altri e gli altri in noi stessi.

227 Prima della fratellanza c'è la tolleranza. Tolleranza significa che c'è uno spazio in cui esisto io, uno spazio in cui esisti tu, e ci sono altri spazi in cui possiamo esistere entrambi.

228 Tolleranza, fratellanza, pace: è un cammino.

229 La tolleranza presuppone il riconoscimento del valore di ciò che l'altro è, e quindi l'interesse per quello che porta agli altri. Questo interesse si manifesta nell'ascolto. Intolleranza significa che voi non ascoltate lui e lui non ascolta voi.

230 Per comprendere ciò che l'altro rappresenta dovete entrare nel suo mondo. Per entrare nel suo mondo dovete uscire dal vostro, almeno temporaneamente.

231 Chi entra nel conflitto o nella guerra, non vede più niente e distrugge ogni cosa.

232 Vi ritroverete sempre immersi nella guerra finché restate i guerrieri che siete.

233 Come si fa a non scatenare quotidianamente la guerra? Ci si occupa attentamente di se stessi e ci s'impegna a fare del proprio meglio continuamente.

234 Una delle cose che scatenano la guerra è il parlare non pulito. *Non pulito* significa che contiene l'accusa, il lamento, la colpevolizzazione o il giudizio.

235 Occorre allenamento e purificazione per arrivare a una comunicazione pulita.

236 L'uomo che aspira alla pace non pensa: *Non sono stato capito.* Invece pensa: *Come posso migliorare la mia comunicazione?*

237 La guerra può accadere solo se prima è stata pensata e accarezzata.

238 Sono i guerrieri che combattono. Perché la guerra finisca definitivamente, bisogna smettere di essere guerrieri.

239 Il guerriero è incapace di tolleranza, ma può essere capace di misericordia.

240 Nobiltà d'animo del grande guerriero: nessun odio per il nemico, nessun disprezzo per i vinti.

241 Ogni uomo dovrebbe togliere energia ai signori della guerra che vivono dentro di lui per impiegarla in una direzione creativa. Tutta l'umanità dovrebbe fare la stessa cosa con i signori della guerra che vivono dentro di lei.

242 Se volete seguire la via dell'amicizia, della fratellanza, della pace e della creatività, dovete abbandonare, una volta per tutte, la guerra che è l'attività preferita dai mostri creati dalla mente umana.

243 La pace può essere amata, la guerra deve essere armata.

244 Che si possa vivere in pace tutti lo dicono. Ognuno potrebbe incominciare a farlo, ma ciascuno aspetta che lo facciano gli altri. Così nessuno lo fa e tutto resta come prima. Per questo la guerra è un evento permanente nella vita dell'uomo.

245 Lo sapete che gli uomini, quando si uniscono, è quasi sempre contro qualcuno o qualcosa? Si uniscono quasi sempre *"contro"* e raramente *"per"*. Anche i rari *"per"* contengono, spesso, moltissimi *"contro"*.

246 Nella cultura contemporanea esiste una prassi consolidata, che a volte rasenta la follia, e a cui è difficilissimo sfuggire: non si può affermare una cosa senza negarne un'altra. È dominante il pensiero esclusivo che afferma una cosa e ne nega un'altra e si è perso il pensiero inclusivo capace di affermare l'una e l'altra.
Un esempio? Mente esclusiva: il bicchiere è mezzo pieno oppure il bicchiere è mezzo vuoto. Mente inclusiva: il bicchiere è mezzo pieno e mezzo vuoto.
È evidente che se un bicchiere è mezzo pieno, allora è anche mezzo vuoto. È follia guardare un bicchiere mezzo pieno e mezzo vuoto, e giudicarlo solo mezzo pieno o solo mezzo vuoto.
Vogliamo prendere il tema appena trattato e spogliarlo dall'eccesso e dalla sovrastruttura mentale che costruisce continuamente problemi? Vogliamo riportarlo alla sua realtà essenziale, semplice e concreta e incontrovertibile?
Bene, questa è la semplice e nuda realtà: il bicchiere contiene dell'acqua. Se la vuoi bere, la bevi, se non la vuoi bere, la lasci lì così se la può bere un altro.

247 Storicamente l'elemento aggregante degli uomini è quasi sempre stato l'odio. Bisogna capire che l'aggregazione sulla base dell'odio non è né amicizia né fratellanza, anche se vi sono coloro che si considerano amici o fratelli perché uniti dall'odio contro qualcuno o qualcosa. È una falsa aggregazione. Infatti, la guerra produce distruzione che è sinonimo di disgregazione. La guerra produce distruzione e sofferenza per tutti, compresi i vincitori. È il momento per l'umanità di cambiare rotta: c'è la possibilità. Coltivare l'odio in nome della giustizia o di Dio è la grande follia della mente umana di cui è giunto il momento di liberarsi.

248 Nella guerra non c'è alcuna verità, ma spesso l'uomo fa la guerra in nome della Verità. La Verità, invece, abita in territori ove la guerra non può esistere.

249 Vedere la guerra è già un inizio di pace. Infatti, il combattente non vede la guerra. Anzi non vede e non sente nulla, vede solo il nemico e sente solo la propria paura. Riconoscere l'oscurità della guerra produce l'aspirazione alla pace.

250 Lo schieramento è già guerra. Fra coloro che sono schierati, ce ne sarà qualcuno che arriverà a sparare. Qualcun altro risponderà al fuoco, altri risponderanno di conseguenza. Poco dopo spareranno tutti.

Conoscenza   Amore

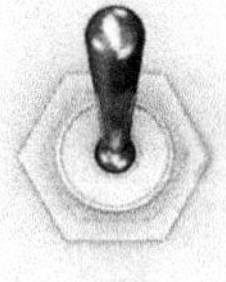
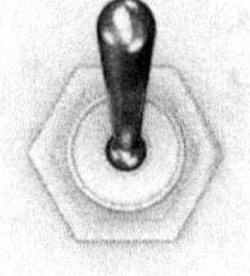

Ignoranza   Paura

La libertà

Immagine creata da Chiara Russomanno
www.chiararussomanno.it

La libertà

251 La libertà non è la trasgressione. È un'illusione credere di essere liberi contravvenendo alle leggi della vita. Infrangere le leggi non è libertà. Libertà è rispettare le leggi col minimo sforzo, nel tempo più breve e nel migliore dei modi, così da recuperare energia, tempo e vita.

252 La scelta è sempre un atto di liberazione, la non-scelta una forma di schiavitù.

253 La scelta manifesta sempre chi siete. Lo mostra a tutti, voi compresi.

254 È inutile cercare la libertà, anzi è dannoso perché produce schiavitù. Invece la libertà è la conseguenza di una ricerca più grande, quella della verità.

255 L'unica cosa che abbiamo è la nostra vita. Tutto ciò che facciamo, va a finire in essa; le nostre azioni sono come semi piantati nel terreno del nostro vivere. Seminare la nostra vita con ciò che amiamo, e a cui aspiriamo, è la via della libertà.

256 La vostra vita è come la terra, piantateci i semi di ciò che amate e i frutti arriveranno abbondanti.

257 Se volete essere liberi, piantate i semi della libertà. La verità è un seme di libertà e un intento di liberazione.

258 L'imposizione e la ribellione sono modalità opposte che non funzionano. Ciò che funziona invece è condividere uno scopo e animarlo con la forza dell'amore.

259 *Ribellarsi* è il contrario di *Liberarsi*.

260 Liberarsi significa occuparsi della trave nel proprio occhio.

261 La ribellione è l'atteggiamento per cui il basso si rivolta contro l'alto e dice: *Io valgo più di te*.

262 La ribellione è nemica della verità.

263 La ribellione non funziona, anzi distrugge il funzionamento.

264 La libertà è la volontaria sottomissione alle leggi che garantiscono il funzionamento. Volete avere la libertà di cambiare le cose, la libertà di decidere? Se vi ribellate, e disubbidite a voi stessi, che libertà potete avere?

265 Se non avete potere su voi stessi, non potete avere potere su niente.

266 Non avete potere se le vostre parole non valgono niente, se i vostri sentimenti cambiano ogni trenta secondi, se non sapete coltivare uno scopo in una maniera permanente nonostante le difficoltà.

267 Non saprete mai comandare se non sapete obbedire. Sarete serviti solo e soltanto se siete capaci di servire. Se vi ribellate alla volontà di Dio, tutto dentro di voi, si ribellerà alla vostra volontà. Infatti, voi siete il Dio del vostro microcosmo.

268 Capire dove siete, e vedere le possibilità che da lì si aprono per voi, è l'inizio di una nuova ricchezza e di una nuova libertà.

269 A chi si ribella la mente, quando, invece di stare nel qui e ora, salta continuamente nel passato, nel futuro e nell'altrove?

Si ribella a voi e al vostro vivere con pienezza e gioia nel presente. Si ribella alla vostra felicità e libertà.

270 Qual è la via della libertà? Sapere chi siete, qual è il vostro posto, qual è la direzione che avete scelto e poi andare in quella direzione con l'entusiasmo che viene dai vostri talenti.

271 Riconoscete la vostra nullità e vi sentirete liberi. Significa che ciò che accade può non dipendere da voi e quindi il valore dei vostri sforzi non si misura in base al risultato. Il valore del vostro sforzo sta nell'amore che ci mettete. Se comprendete questo, siete liberi da ansie, aspettative, illusioni, delusioni e frustrazioni.

La spirale della vita

272 La vita è un movimento la cui traiettoria può essere una circonferenza o una spirale. Se è una circonferenza, la vita è ripetizione e sopravvivenza. Se è una spirale, può essere una spirale che si apre o che si chiude. Quando si apre, la vita è espansione ed evoluzione. Quando si chiude, la vita è contrazione e involuzione.

273 Le spirali della vita, evolutiva e involutiva, sono la stessa spirale. È il verso secondo cui viene percorsa la spirale che cambia. Sotto la spinta dell'amore, la spirale viene percorsa nel senso dell'espansione, sotto la spinta della paura nel senso della contrazione.

274 Avete un po' d'amore? Bene, quel poco amore usatelo per produrre pensiero costruttivo che porterà più amore e che farà nascere un pensiero ancor più costruttivo: è una spirale che si apre.

275 La spirale che si apre vi da ogni cosa, la spirale che si chiude vi toglie tutto. Allora la domanda fondamentale in qualunque momento della vita è: mi sto espandendo o mi sto riducendo?

276 È sempre possibile cambiare il senso di percorrenza della spirale e convertirsi alla vera vita.

277 Voi siete l'artefice del modo in cui vivete le cose. La vita è come il palcoscenico di un teatro. La recita degli attori acquista significato in relazione allo sfondo costituito dalla scenografia. L'atteggiamento nei confronti della vita è la scenografia che determina il significato degli eventi che accadono nel quotidiano.

278 L'atteggiamento nei confronti della vita determina il modo in cui la vita si svolge, la traiettoria su cui si muove. Se l'atteggiamento è quello della conservazione, la vita è ripetizione e la traiettoria è una circonferenza. Se è quello della contrazione, la vita è consumazione è la traiettoria è di una spirale che si chiude. Se è quello dell'espansione, la vita è creatività e arricchimento e la traiettoria è di una spirale che si apre.

279 L'atteggiamento è lo sfondo su cui si svolgono gli eventi della vita e rispetto al quale assumono significato. Cambiare atteggiamento significa cambiare il significato degli eventi.

280 La trasformazione della vita in realtà è molto semplice, consiste nel cambiare i propri punti di vista e conseguentemente, l'atteggiamento.

Anima ed ego

281 L'anima è ciò che vi anima.

282 L'anima è il contatto col tutto.

283 L'anima è colei che si nutre di sfide.

284 Non vi accontentate di ciò che è piccolo, l'anima vuole la pienezza di una gioia totale. L'anima è libertà ed espressione, l'ego è schiavitù e inibizione.

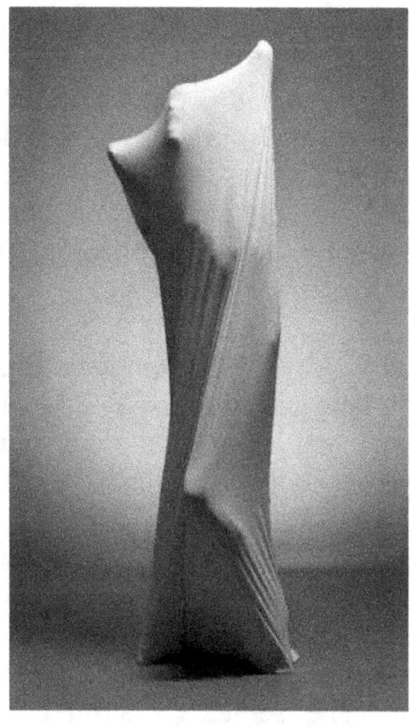

285 L'anima non è la coltivazione dei problemi e del negativo che divide. L'anima è la coltivazione della possibilità, della bellezza, dell'amore e di ogni valore che unisce.

286 È solo l'ego che separa perché è l'ego che può essere ferito.

287 L'anima non può essere ferita. L'anima non si cura delle ferite: è immortale.

288 L'ego può essere ferito perché vive di menzogne. L'anima che è fatta di verità non viene toccata.

289 I medesimi eventi, visti dall'ego, sono una cosa, visti dall'anima, sono tutt'altra cosa.

290 Dove l'ego vede problemi, l'anima vede possibilità.

291 Il contatto con l'anima avviene quando l'uomo dimora nella sua integrità cioè nell'unità di pensiero, emozione e azione.

292 La comunicazione è sempre dell'anima, anche se sembra avvenire grazie alle parole, al pensiero o ad altre funzioni dell'essere umano.

293 Una buona comunicazione nasce dal togliere. Infatti, più togliete ciò che non è essenziale, più chiaramente ascoltate la voce dell'anima. Allora avrete anche la chiarezza di ciò che volete comunicare.

294 La voce dell'anima è chiara ed essenziale.

295 La chiarezza nella mente deriva dall'ascolto dell'anima. Per ascoltare l'anima bisogna togliere ciò che non serve e organizzare ciò che serve. La struttura dell'uomo, una volta ripulita e organizzata, diventa estremamente ricettiva, e ciò la rende capace di ascolto profondo e di visione.

296 Dentro di voi c'è un sabotatore. Per impedire l'ascolto dell'anima, aggiunge continuamente.

297 La chiarezza è la capacità di avere una visione e di condividerla. Vivere secondo una visione condivisa porta all'unanimità, che è il muoversi come una sola anima.

298 Comunicazione efficace significa togliere tutto ciò che non ha a che fare con l'intento dell'anima, con ciò che l'anima vuole esprimere.

299 La comunicazione efficace è l'anticamera dell'amore. Essa richiede di considerare l'esistenza di noi stessi, dell'altro, e di noi stessi e dell'altro contemporaneamente.

300 La comunicazione è un incontro. Per avvenire richiede di ripulirsi dal proprio passato in modo da potere esprimere la propria verità nella sua semplicità, essenzialità e neutralità.

301 Lo sfogo non è comunicazione. Lo sfogo non crea l'incontro perché non nasce dall'amore, ma dalla paura.

302 Lo sfogo è la fuoriuscita violenta di energie bloccate. Il blocco è creato da emozioni negative, le più varie, ma sempre riconducibili alla paura. Il blocco è uno stato di malessere, cui lo sfogo offre un attimo di sollievo, ma nessuna soluzione.

303 La comunicazione pulita non produce scontri. Infatti, non colpisce e non suscita reazioni.

304 Attraverso una vera comunicazione conosciamo qualcosa dell'altro e moltissimo di noi stessi.

305 Esprimere significa liberarsi e funzionare nella vita.

306 Esprimere vuol dire, premere fuori la verità di ciò che siamo.

307 Esprimere serve a ricordare ciò che abbiamo dimenticato, ma che l'anima ha assolutamente presente.

308 La seduzione è il processo che il sabotatore mette in atto per allontanarci dal contatto con l'anima.

309 La seduzione ci butta fuori dai noi stessi per portarci verso altro. Sedurre vuol dire condurre verso di sé.

310 Vi fate sedurre perché siete attratti da qualcosa di esterno a voi che vi promette la felicità. Accade perché avete confuso la felicità col piacere e l'amore col bisogno. Non accade se ricordate che la felicità non può essere esterna a voi e che l'amore non è mai mancanza.

311 Differenza fra anima e ego: l'anima porta all'unità grazie all'amore, l'ego porta alla separazione a causa della paura.

312 È la trave nel nostro occhio che ci separa dagli altri, anche da quelli che hanno solo un'insignificante pagliuzza e che sarebbe una gioia incontrare, se solo potessimo vederli.

313 Siete nell'ego ogni volta che mettete il vostro bene contro quello di qualcun altro. Dovreste invece chiedervi di che cosa avete paura e che cosa cercate di difendere.

314 Siete nell'ego ogni volta che volete avere ragione, perché l'anima è immortale e non si cura di avere ragione.

315 L'ego vede sempre cose ingiuste, trova sempre cose sbagliate. Dividere il mondo in giusto e ingiusto, è la sua occupazione principale, perché l'ego chiama ingiusto tutto ciò che non gli piace e giusto tutto ciò che gli piace. È ingiusta ogni cosa o azione che non corrisponde alle sue aspettative e nemico colui che la compie.

316 Volete sapere quanto è grande il vostro ego? Guardate con quanta forza credete nelle ingiustizie. Quali ingiustizie? Se voi dite che una cosa è ingiusta è perché vi ritenete in grado di decidere che cosa è giusto e che cos'è ingiusto. Ingiusto in che senso? Ingiusto per chi? In relazione a che cosa? Secondo quale punto di vista? Come potete dire che cosa è giusto e che cosa è ingiusto se possedete solo il vostro piccolo punto di vista? Se leggete tutto attraverso la vostra piccola storia, i vostri drammi e le vostre paure? Se non vedete i collegamenti che uniscono tutte le cose? Se non sapete dire perché la vita esiste e qual è il suo scopo e il suo significato?

317 Solo Dio potrebbe dire che cos'è giusto e che cos'è ingiusto, però non lo fa. Perché è un padre che dona il suo amore ai propri figli, lasciandoli sempre nella libertà.

318 Sapete perché l'ego vede sempre ingiustizie? Perché combatte le ingiustizie, ma vive di ingiustizie. L'ego le cerca perché sono il cibo che garantisce la sua sopravvivenza.

319 Dove l'ego vede ingiustizie, l'anima vede delle possibilità. L'anima si nutre di realtà e non dell'illusione così cara all'ego. L'anima vede in tutto ciò che è reale, qualcosa di più grande del giudizio che la mente può darne.

320 L'ego non si lascia mettere in difficoltà, l'ego addomestica tutto, riporta tutto alla sua misura, l'ego aggiusta tutto, l'ego giustifica e mistifica. Lo fa per continuare a vivere.

321 Un ego costruito intorno al concetto di virtù è un ego potentissimo, non si smonta facilmente.

Il giudizio

Il giudizio

322 Ripristinare il contatto con la verità. Bisogna amare la verità per poterla cercare; cercarla per incominciare a vederla; vederla almeno un po', per ricollegarsi ad essa. Il primo passo nella ricerca della verità consiste nel comprendere che il giudizio ne impedisce la visione perché il giudizio rende ciechi.

323 Il giudizio non è solo quello negativo, ma anche quello positivo. Esso consiste nell'apporre ad ogni cosa un'etichetta. In seguito, ci si riferirà all'etichetta anziché alla cosa. La differenza è che la cosa muta, l'etichetta resta identica. A quel punto, ogni nuovo evento verrà letto attraverso il giudizio iniziale di cui sembrerà un'ulteriore conferma. Il giudizio porta a vivere nella statica rappresentazione creata dalla mente, invece che nella dinamica vitalità del mondo reale.

324 Il giudizio porta a vivere nella mente e nel passato, invece che nella realtà e nel presente. E sapete che cosa produce quel giudizio? Il fatto interessante che tutto quello che gli altri fanno è sempre una conferma di come li abbiamo giudicati.

325 Il giudizio, che meccanicamente si ripete e si riconferma, diventa pregiudizio.

326 Il giudizio è l'impossibilità di riconoscere, mentre vivere, è riconoscere. La vera vita è essenzialmente riconoscimento.

327 Non sottovalutate il potere che il passato ha sulla vostra vita. Il passato ha un potere immenso, il passato è una gabbia solidissima. Il giudizio è il modo attraverso il quale il passato riproduce se stesso e imprigiona la vita.

328 La ricerca inizia quando l'uomo si accorge di una cosa meravigliosa: si accorge di non sapere. Ciò avviene perché il giudizio è un'attitudine che ormai non gli appartiene più.

329 Il giudizio soddisfa anche quella parte dell'uomo che non vuole lavorare: la pigrizia.

330 Il modo nel quale giudicate vi chiude tutte le porte. Dovete riuscire a vederlo con i vostri occhi: nessuno può farlo tranne voi.

331 Il giudizio rende invisibili le possibilità. È lo strumento attraverso il quale l'uomo condanna se stesso a una vita di stenti.

332 La verità raggiunge chi è pronto ad accoglierla. Si rivela a colui che ha fatto spazio, che ha creato uno spazio di accoglienza ove contenerla. E come l'ha creato? Liberandosi dal giudizio!

333 Se una cosa vi disturba cambiatele l'etichetta. Non combattetela per tutta la vita, semplicemente cambiatele l'etichetta. È solo un'etichetta, non consideratela la realtà. La realtà non la potete vedere, la realtà si vede solo quando il giudizio è tolto.

334 Il mondo è fatto come deve essere fatto. Dobbiamo semplicemente imparare la lezione che ci offre. Possiamo farlo solo se ci liberiamo dal giudizio.

335 Riconoscere che il giudizio è una forma molto forte di paura è un passo molto importante. La paura, allorché esce dal mondo delle emozioni e invade la mente, diventa giudizio. Se la paura diventa permanente, il giudizio diventa prima pregiudizio, poi convinzione e infine certezza.

336   L'uomo rifiuta di abbandonare le certezze perché ciò lo costringerebbe a sentire le proprie paure.

337   I giudizi creano un mondo chiuso in se stesso: una casa senza finestre.

338   Il giudizio è il passato che si esprime nel presente. È l'atto della mente attraverso cui il passato fuoriesce dalla memoria e invade il presente.

339   Il passato irrompe nel presente e ne prende possesso sotto forma di giudizio, cristallizzato in certezze.

340   Il giudizio è autodistruttivo, perché la grande vittima del giudizio che emettete siete voi.

341   Giudicate perché vivete nella miseria e nella mancanza, e pensate che questa mancanza sia una grande ingiustizia che siete costretti a subire. Non vedete quanto il giudizio collabori alla creazione della mancanza e della presunta ingiustizia.

342   Osservate quando un uomo giudica gli altri e vi accorgerete che parla di sé. Infatti, proietta all'esterno quello che di sé non vuole accettare.

343   Non giudicate: è una perdita di tempo!

344   Giudicare è una forma di chiusura. Giudicare tutti e tutto è l'alibi per non occuparvi di voi. È una proiezione, perché ciò che giudicate negli altri è quello che rifiutate di vedere in voi stessi.

345   Chi giudica non ha niente da dare, chi giudica non ha niente da fare.

346 Quando una persona intraprende la via del risveglio, subito ritrae il giudizio. Infatti, non ha tempo da perdere: le energie, il tempo, e la vita intera gli servono per produrre la sua ricchezza.

347 La vita è, semplicemente. Per questo si colloca al di sopra delle vostre categorie, e del vostro giudizio.

348 Il giudizio impedisce la vita. Le impedisce di raggiungervi e di fiorire in voi.

349 Quando la vita non è bloccata dal giudizio, si riempie di azioni intenzionali. Allora di spazio per gli eventi accidentali ne resta pochissimo.

Il risveglio

Il risveglio

350 Siete svegli se sapete chi siete, dove siete, che cosa c'è da fare, e lo fate. Chi si muove così è un uomo sveglio e per lui si aprono sempre nuove possibilità.

351 Quando vedete una possibilità è perché qualcuno, che vive di quella possibilità, ve la sta mostrando, ma non può fare nulla di più. Il resto spetta a voi.

352 Il sonno della coscienza vi ruba la vita, vi ruba l'anima.

353 Ciò che serve all'uomo addormentato è un programma di risveglio.

354 Il programma di risveglio incomincia con la ricerca e la scelta di una direzione. Avere una direzione può sembrare poco, ma è moltissimo. Quasi tutti gli uomini nel mondo non hanno una direzione. Vanno dappertutto, ma non arrivano mai da nessuna parte. Hanno mille intenti che puntualmente dimenticano e, alla fine, tutto ritorna come prima.

355 L'inizio del risveglio è la scelta di una direzione.

356 Più mantenete la direzione scelta, più producete il vostro risveglio e il vostro essere nella vita. Se sposate una scelta, diventerete fedeli a voi stessi.

357 Un uomo che ha fede è un uomo fedele a se stesso. Le scelte che compie, le attua.

358 Il pensiero dell'uomo che non ha una direzione, è un brulicare di fantasie, dubbi, obbiezioni e contro-obbiezioni. La scelta, e il mantenimento di una direzione, sono il frutto di una mente costante. Risveglio significa stabilità, direzione, volontà, fede e visione.

359 L'uomo che non ha una direzione, non sa che cos'è che gli serve veramente. Sa soltanto che cosa gli piace al momento.

360 L'uomo che si occupa di tutto, fa solo confusione.

361 Il risveglio permette di vivere perché riconosce che tutto ciò che arriva, è nutrimento e possibilità. Il sonno, invece, non permette di vivere perché di fronte ad ogni nuovo evento, produce la negazione.

362 Il risveglio porta ricchezza perché da valore a tutte le cose della vita: a tutti i pensieri, a tutte le parole, a tutte le emozioni, a tutte le azioni, a tutte le sensazioni e a tutti i piaceri.

363 Il risveglio richiede pazienza.

364 Esiste un tempo per ogni cosa e il giusto tempo per una cosa è la sua velocità, quella velocità richiede un'attitudine che è la pazienza.

365 La pazienza non è passiva, è attiva. La pazienza non è debolezza, è forza. La pazienza è la consapevolezza dei ritmi della vita e la capacità di mettersi, e mantenersi, al passo con essi.

366 La via del risveglio richiede una ricerca della perfezione, stabile e permanente. Non un giorno sì e l'altro no, ma adesso sempre e comunque.

367 Dovete pensare, giorno dopo giorno, che semi volete mettere dentro di voi, perché i momenti che vivete oggi sono il frutto di ciò che avete seminato ieri e i momenti di domani saranno il frutto di ciò che seminate oggi.

368 Il fatto che una cosa da fastidio è la dimostrazione perfetta che contiene qualcosa da imparare.

369 Il risveglio dell'uomo può essere molto veloce, ma serve lo slancio dell'amore. Non serve porre continuamente condizioni. Chi è attaccato a qualcosa, resiste al cambiamento.

370 Il piacere è importante, e un giusto piacere è contenuto in tutto ciò che è conforme alla natura, ma il vivere nella ricerca del piacere porta a sprofondare nel sonno.

371 Chi sprofonda nel sonno del piacere per sfuggire alla paura del vivere, fa un pessimo affare, perché va incontro alla sofferenza e alla malattia.

372 Quando usate una via spirituale come pretesto per fuggire dalla responsabilità, state cadendo nell'inganno più grande.

373 L'origine dei problemi è tutta nel potere ceduto al passato.

374 Esiste un solo errore: sprecare la vita.

375 Quando ampliate la vostra capacità di comprendere, incominciate a vedere le cose un po' più come sono e un po' meno come appaiono.

376 Una comprensione, anche piccola, è come un forellino che si apre in un mondo buio e permette l'entrata di un fiotto di luce.

377 Il contatto con la vita non è facile: ci siamo talmente disabituati!

Concepire la grandezza dei mondi

6   Betelgeuse, Mu Cephei, VV Cephei A,
    VY Canis Majoris

5   Aldebaran, Rigel, Antares, Betelgeuse

4   Sirio, Polluce, Arturo, Aldebaran

3   Giove, Wolf 359, Sole, Sirio

2   Terra, Nettuno, Urano, Saturno, Giove

1   Mercurio, Marte, Venere, Terra

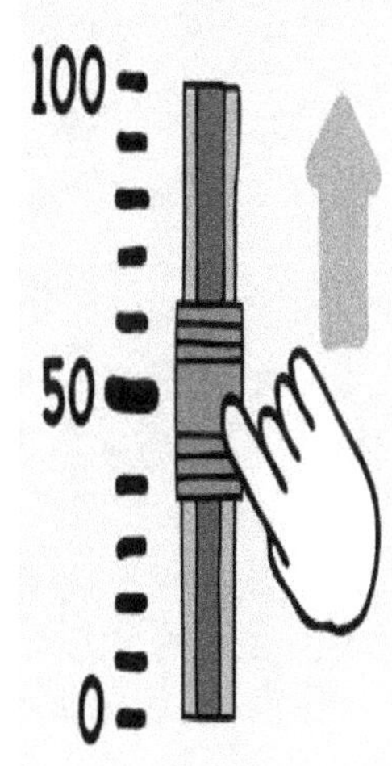

Concepire la grandezza dei mondi

378   Ogni uomo vive in un mondo diverso la cui grandezza è definita dal confine. Al di qua del confine c'è il possibile, al di là c'è l'impossibile.

379   Il mondo di un uomo si può rappresentare come una sfera: il raggio è la sua capacità di fare. Se la capacità di fare è grande, la sfera è grande ed egli vive in un mondo grande, altrimenti vive in un mondo piccolo.

380   È possibile allargare il proprio mondo, aumentando la propria capacità di fare. A questo allargamento non c'è limite, ma non è facile rendersene conto perché non sappiamo concepire la grandezza dei mondi. Un esercizio per imparare a concepirla consiste nel confrontare le dimensioni dei corpi celesti.

381   Allargare il proprio mondo serve a rendere possibile l'impossibile. Serve a realizzare, cioè rendere reale, ciò che prima ritenevamo irrealizzabile.

382   Un fare più grande e un mondo più grande sono una nuova ricchezza.

383   Arricchire la propria vita incomincia col mettersi in gioco totalmente.

384   La via per accrescere il fare e allargare il proprio mondo, incomincia col fare ciò che si è in grado di fare, farlo bene, in maniera esatta, paziente, amorevole ed efficace.

385   Il fare in piccolo è il presupposto del fare in grande.

386 Il miracolo è solo un fare molto grande: un fare così grande da essere normalmente giudicato impossibile.

387 La capacità di fare aumenta avvicinandosi alla propria integrità cioè diminuendo la frammentazione interna, le divisioni e i conflitti.

388 La capacità di fare aumenta quanto più ci avviciniamo alla pace.

389 Pace e unità sono le chiavi del miracolo.

La perfezione

La perfezione

390 La perfezione è nel cuore di ogni cosa, quindi ogni cosa può condurci alla perfezione. Dobbiamo solo percorrere la via che porta alla sua profondità, al suo centro. Bisogna però percorrerla tutta.

391 Il centro di una cosa è il centro di ogni cosa e quindi anche di voi stessi. Per raggiungerlo non basta andare un po' più in profondità, bisogna tendere perennemente verso il centro senza mai fermarsi.

392 L'attitudine a dirigersi verso il centro delle cose si chiama Essenzialità. L'attitudine a muoversi solo sulla superficie si chiama Superficialità.

393 L'essenzialità si raggiunge col togliere, la superficialità si coltiva con l'aggiungere.

394 L'essenzialità è qualità, gioia, amore, libertà. Invece la superficialità è quantità, piacere, seduzione, schiavitù.

395 Tutto ciò che è separato in superficie, si unisce in un punto profondo. I punti della superficie di una sfera, convergono man mano che scendono verso il centro.

396 Penetrando profondamente dentro una qualunque realtà, penetriamo profondamente in noi stessi.

397 La perfezione di una qualunque cosa è la vostra perfezione.

398 La ricerca della Verità e la ricerca della perfezione sono la stessa cosa.

399 La perfezione è nel punto più profondo di ogni cosa, quindi la Verità potete cercarla ovunque. L'importante è percorrere fino in fondo la via scelta.

Il dialogo

400 Non c'è apprendimento senza ascolto.

401 Le dispute che avvengono fra gli uomini, sono dialoghi fra persone che non hanno alcuna intenzione di ascoltare.

402 Un vero dialogo nasce da un atteggiamento d'amore ed è la ricerca dell'incontro. L'incontro avviene in un territorio comune, cioè un aspetto della vita che appartiene ad entrambi.

403 Un litigio nasce da un atteggiamento di paura ed è la ricerca dello scontro. È una guerra per il possesso del territorio comune su cui ognuno dei contendenti vuole mettere la bandiera delle proprie ragioni e imporre le proprie certezze.

404 Quando dialogate fermatevi, osservatevi e chiedetevi: *Sto cercando l'incontro o lo scontro?*

405 Chi, dialogando, abbandona l'atteggiamento dell'amore ed entra in quello della paura, smette di ricercare il punto d'incontro e pretende la ragione.

406 Cercare la ragione in un dialogo significa buttare la propria paura addosso all'altro. Se l'altro viene colpito, si scatena la sua paura e reagisce. Allora è guerra, e il dialogo diventa litigio. Se invece l'altro non viene colpito, non reagisce. Allora, passata la paura, è possibile ritornare ad un dialogo amorevole e costruttivo.

407 Non viene colpito chi, nel dialogo, è presente a se stesso ed esercita un ascolto profondo, compassionevole, privo di giudizio e animato da un desiderio di comprensione.

La mediazione

408 La mediazione è quella soluzione creativa che salva tutti, perché il bene di uno non può avvenire a discapito del bene di un altro.

409 L'impossibilità di mediazione è la dimostrazione esatta che nella mente non c'è più spazio di accoglienza. Un rigido insieme di convinzioni si è impossessato di tutto e non resta spazio per ospitare altri punti di vista.

410 La capacità di mediazione si crea col togliere, col liberare spazio nella mente. Sapere di non sapere è un solido punto di partenza.

411 La mediazione sta alla base della capacità di rinnovarsi nella vita. La mediazione porta sempre nuove possibilità perché realizza il contatto con lo sconosciuto.

412 Come si fa a mediare? Bisogna dare valore ai due punti di vista opposti, non affermarne uno e far la guerra all'altro.

413 La mediazione è senza violenza, anzi è la soluzione al pericolo della violenza.

414 La mediazione richiede meditazione.

415 Se la mediazione fallisce, bisogna rimediare. Rimediare significa mediare di nuovo.

416 La vostra famiglia è importante, il vostro cammino individuale è importante. Qual è il più importante? Nessuno è più importante dell'altro, è il loro insieme che è più importante. Questa importanza si afferma con la mediazione.

417   La vostra famiglia è il radicamento alla terra e vi impedisce di essere un fanatico. La ricerca della Verità è la tensione verso il divino e vi impedisce di essere un mammifero.

418   L'individuo è sacro, la famiglia è sacra. Sono sacre le esigenze di entrambi. Adesso serve una soluzione creativa, che il creatore che voi siete troverà.

419   Quando avete realizzato la soluzione creativa non siete più la stessa persona. Un pezzo di divisione e di guerra è scomparso dalla vostra vita e voi emergete dall'esperienza con una nuova coscienza.

420   Ogni volta che volete avere ragione, rifiutate la mediazione. In quel preciso istante, rifiutate la vita e la ricchezza. La rifiutate per difendere la miseria di una ragione che finirà al cimitero col vostro corpo.

421   L'attitudine alla mediazione consente l'esplorazione e la ricerca. Non c'è vera ricerca senza capacità di mediazione.

422   La mediazione è l'unica cosa che costruisce, perché il contrario della mediazione è la guerra. La guerra distrugge i contendenti, la mediazione li arricchisce.

423   La mediazione è l'arricchimento di una fratellanza, che nasce dal riconoscimento del fatto che il bene o è comune o non è bene. Il vostro bene non può essere contro quello di un altro.

424   Non accettare la guerra è già una mediazione.

425 La mediazione è un'azione nella direzione della pace, sempre.

426 Il frutto più grande della mediazione è il miracolo.

427 Che cos'è il miracolo? Il verificarsi di ciò che nella vostra visione del mondo è impossibile. Il miracolo è il materializzarsi dell'inconcepibile.

428 La mediazione vi spinge verso il miracolo. Una volta che lo avete compiuto, il miracolo cessa di essere tale e diventa normale. Significa che il vostro mondo è più grande. La mediazione serve ad allargare il mondo.

429 L'anima si nutre di esperienza. L'esperienza è la mediazione tra lo sconosciuto e il conosciuto. È grazie alla mediazione che l'anima può essere nutrita.

430 Trasformare la volontà di pace in una reale costruzione, richiede continuamente la mediazione.

Il maligno

431 È padrone di sé colui che è in perenne collegamento col tutto.

432 Devi essere collegato all'interno se vuoi essere realmente collegato con l'esterno.

433 L'individuo che interiormente è cosciente, esteriormente vive nel mondo reale.

434 Un uomo integro vive nella realtà. Se invece ha in se stesso divisioni, lati oscuri, o altre mancanze, proietta tali limiti sul mondo esterno e vive una realtà deformata.

435 Il maligno è la possibilità che ogni essere ha di ribellarsi alla vita, recidendo il naturale collegamento col tutto.

436 Il maligno usa la divisione per distruggere l'armonia e l'equilibrio e ostacolare il funzionamento della vita. La sua strategia consiste nel creare blocchi e deformazioni nella psiche, in modo da interrompere la comunicazione tra l'essenza e la personalità. Così impedisce l'espressione della parte veritiera che c'è in ognuno.

437 Quando la comunicazione tra essenza e personalità è interrotta, la vita dell'individuo si esprime continuamente nel limite. Globalmente, il limite è l'incapacità di essere se stesso e di sentirsi felice; mentalmente, è l'incapacità di concepire; emotivamente, è l'assenza di passione; fisicamente, è l'incapacità di fare.

438 Quando in un uomo si affievolisce il collegamento tra l'essenza e la personalità, si affievolisce anche il collegamento con la vita reale. Allora si fa spazio l'illusione.

439 Il maligno è il mago dell'illusione.

440 Il maligno è un serpente che striscia continuamente senza mai alzare la testa verso l'alto. Vive in uno stato di miseria ed è incapace di qualunque forma di grandezza.

441 Il maligno è il Limite. È il Limite che crea tutti i limiti ed è un idolo che vive solo grazie ai suoi adoratori.

442 Dio è l'illimitato. Non ha alcun bisogno di essere adorato perché egli è *Il Vivente* da cui sgorga ogni frammento di vita e l'intero universo.

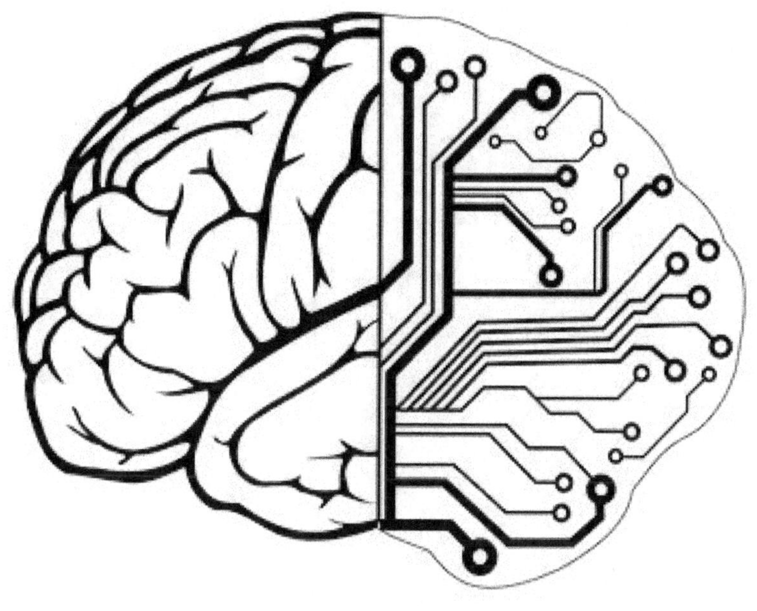

Mente logica e mente analogica

Mente logica e mente analogica

443 La mente logica e la mente analogica hanno poco valore, l'una senza l'altra. Insieme, invece, hanno il potere della comprensione e la capacità di leggere la vita.

444 La mente logica si applica a un mondo piccolo. Concentra la luce dell'attenzione in uno spazio piccolo per vedere meglio. Più lo spazio si restringe, più efficacemente viene illuminato. La mente logica è la mente che delimita, concentra e penetra; può arrivare a sapere sempre di più di una realtà sempre più piccola. Può arrivare a sapere moltissimo di pochissimo. Limite estremo: sapere tutto di nulla.

445 La mente analogica si applica a un mondo grande. Diffonde la luce dell'attenzione in uno spazio grande per vedere più lontano. Più lo spazio si allarga, meno viene illuminato. La mente analogica è la mente che amplia, diffonde e collega; può estendere il sapere a realtà sempre più grandi, ma in maniera sempre meno esatta. Può arrivare a sapere pochissimo di moltissimo. Limite estremo: non sapere nulla di tutto.

446 L'unione di mente logica e analogica è una mente globale che, al tempo stesso, penetra e collega, perché è capace sia di ampiezza che di precisione.

447 La mente globale è la mente reale che crea la realtà e poi la vive.

448 Ogni realtà già esiste come possibilità. Una possibilità non può però essere vissuta, deve prima essere resa reale. La mente globale sintonizzandosi con una possibilità la immette nella propria realtà e quindi la crea per se stessa.

449 La mente reale non si muove nell'infinitesimo e neppure nell'infinito, ma nel cosmo da lei creato. In quel cosmo è capace di visione, scelta, fedeltà, creatività, costruzione ed evoluzione.

450 La mente globale è obiettiva. Vive la realtà e in essa persegue degli obbiettivi. Si misura col mondo reale e lo modifica.

451 La mente analogica aggiunge, la mente logica toglie. La mente analogica amplia il mondo delle possibilità, la mente logica lo riduce.

452 La scelta è sempre frutto della mente globale come incontro di mente analogica e mente logica. Infatti, la mente analogica offre il panorama delle scelte, la mente logica opera la selezione.

453 La mente analogica ha una natura espansiva e crea un immenso panorama di possibilità. La mente logica ha una natura selettiva e contrae l'immenso panorama fino a ridurlo ad un'unica possibilità: quella scelta.

454 La scelta è il processo in base al quale, partendo dai molti, si arriva all'uno. Partendo da una moltitudine di possibilità si arriva ad un'unica possibilità. Essa non esclude le altre, ma le supera; quindi, dal punto di vista del valore, le include. Per questo la scelta è il processo che estrae la qualità dalla quantità. La qualità è poi tanto maggiore, quanto più ampia era la quantità di partenza.

455 La scelta e tanto migliore, quanto più è efficace la collaborazione fra mente analogica e mente logica.

456 La mente analogica offre la quantità, la mente logica estrae da essa la qualità. Un'elevata qualità richiede una grande quantità e una grande selezione.

457 Un esempio di qualità elevata è la fecondazione umana. Un embrione nasce perché un ovulo seleziona uno spermatozoo in mezzo a circa quindici miliardi.

L'umiltà

458 L'umiltà è la capacità di collocarsi esattamente nel mondo. Se smettete di dare la colpa alle persone e agli eventi, a un certo punto vedrete la vostra vita, vedrete voi stessi e la posizione che occupate.

459 L'uomo che si sa collocare, dimostra una grande intelligenza che lo porta sempre a cogliere le possibilità.

460 Se non sapete dove siete non potete andare in nessun posto. Potrete sognare di andare ovunque, ma, in realtà non andrete da nessuna parte.

461 L'umiltà, che è il posizionarsi correttamente, vi permette di andare dappertutto.

462 L'umiltà permette l'incontro con chi è più grande.

463 L'umiltà permette di imparare.

464 Ci sono due modi di non collocarsi: l'arroganza e la falsa umiltà. L'arroganza è la tendenza ad attribuirsi un livello più alto di quello reale, e quindi pretendere ciò che non si è guadagnato. La falsa umiltà è la tendenza ad attribuirsi un livello più basso di quello reale è quindi non assumersi le proprie responsabilità dicendo: *non ci riesco, non sono capace*.

L'energia

L'energia

465 Il circuito in cui scorre l'energia della vita umana è il circuito che collega il sole alla terra, il circuito che trasporta la luce. I fotoni che compongono la luce, sono gli spermatozoi con cui padre Sole feconda madre Terra. L'uomo ha incominciato a svilupparsi quando si è alzato in piedi perché si è posto meglio dentro al circuito della vita.

466 L'energia è invisibile e non bisogna confonderla con le forme visibili del suo funzionamento. L'energia è universale, senza forma, impercettibile, versatile, potente. La coscienza indirizza l'energia e la utilizza per plasmare la realtà, creando le forme e animandole. Le forme sono visibili, mentre l'energia e la coscienza che ne sono la causa continuano a restare invisibili. Una buona similitudine che illustra tutto ciò è quella dell'energia elettrica che troviamo nei nostri appartamenti. Essa è disponibile grazie a prese, dotate di tre fori, poste nel muro. L'energia elettrica da sola non fa nulla e non manifesta nulla. Appena però colleghiamo qualcosa alla presa, l'energia compie un lavoro e gli effetti diventano visibili. Posso collegare una televisione e vedere le immagini, uno stereo e ascoltare la musica, un phon e asciugare i capelli, un forno e cucinare… etc. Posso addirittura ottenere risultati opposti: ad esempio il caldo grazie ad una stufa e il freddo grazie a un frigorifero. Infatti, l'energia elettrica è neutra, non è né calda, né fredda. In sé l'energia non è nulla, ma potenzialmente è tutto. Ciò che l'energia manifesta dipende dall'intenzione con cui viene usata.

467 Una realtà è energia racchiusa in una forma. La coscienza, dotata di intento, convoglia l'energia in una forma e crea ciò che chiamiamo realtà. Ciò era noto alla sapienza antica e lo è anche alla fisica moderna.

468 I modi in cui la coscienza utilizza l'energia sono moltissimi e possono appartenere a livelli diversi. Esistono modi di utilizzo dell'energia molto più raffinati di quelli che noi pratichiamo quotidianamente. Ne esistono anche di molto più grossolani.

469 Il modo in cui un essere fa uso dell'energia dice chi egli è e qual è il suo livello evolutivo.

470 Il modo in cui un essere evoluto usa l'energia viene chiamato miracolo da coloro che non sanno fare altrettanto.

471 L'amore è un momento di collegamento. È una dimensione piena di energia che sbriciola tutte le difficoltà.

472 Il vittimismo è l'essenza stessa della debolezza, la privazione dell'energia della vita. Mai coltivare il vittimismo.

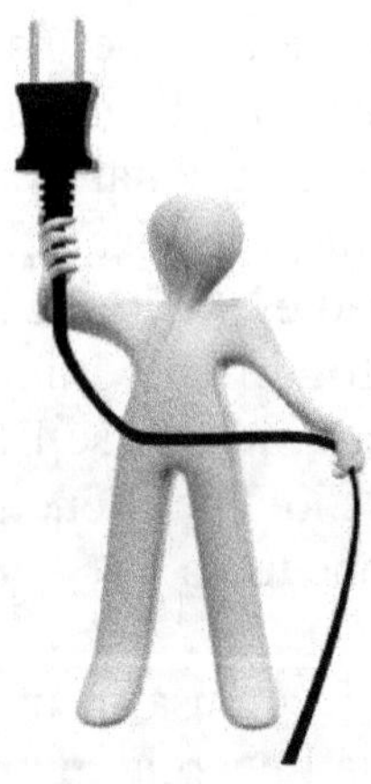

L'illusione e la mancanza

473 L'illusione si trasforma sempre in sofferenza.

474 L'illusione ci tende una trappola che è l'aspettativa. Da lì alla sofferenza il passo è breve.

475 Raramente un'aspettativa viene soddisfatta perché gli accadimenti seguono leggi che poco hanno a che fare con i nostri desideri.

476 Se l'aspettativa insoddisfatta genera sofferenza, l'aspettativa soddisfatta ne genera di più perché apre la strada ad aspettative più grandi.

477 La sofferenza che esiste in molte situazioni, incluse le relazioni, non dipende da ciò che esse sono, ma dall'illusione che c'è applicata sopra. È l'illusione che proiettiamo su una cosa che ci impedisce di accettarla e riconoscerla e anche di trarne la gioia che potrebbe darci.

478 L'illusione è spesso la proiezione all'esterno di un senso di mancanza interno.

479 La mancanza è un pozzo senza fondo: non si riempie mai.

480   Cancellare la mancanza può essere difficile, ma colmarla è impossibile.

481 Ad ogni tentativo di colmarla, la mancanza si ingigantisce.

482 Cancellare la mancanza significa non generarla. Chi genera la mancanza si illude poi di riempirla, e ogni volta che cerca di farlo è sofferenza.

483 Cercare di colmare la mancanza attraverso gli altri significa instaurare relazioni di dipendenza.

484 Non potete completarvi attraverso l'altro, perché le vostre convinzioni non vi permettono di vederlo, ma solo di usarlo. Per vederlo dovreste abbandonare aspettative e certezze. Dovreste cioè essere liberi, ma se foste liberi, non pensereste mai di completarvi attraverso un altro.

485 Quando non vivete più nella mancanza e non vi illudete di completarvi attraverso un altro, potete vivere delle vere relazioni.

486 L'incontro avviene solo fra persone libere.

486 La coppia convenzionale è l'interdipendenza di due bisogni. La coppia essenziale è la fusione di due libertà. La coppia convenzionale si scontra, la coppia essenziale si incontra.

487 La coppia convenzionale, nella quale ognuno ha bisogno dell'altro, o sopravvive o muore, ma mai vive.

488 La coppia essenziale, nella quale ognuno non ha bisogno dell'altro, ma è ben felice che ci sia, vive una vera vita che sempre si rinnova.

489 Il senso della mancanza è l'attitudine a pensare e a leggere la vita sempre e solo dal punto di vista di ciò che manca.

490 Con ciò che manca non si può fare nulla, con ciò che esiste, si possono fare molte cose.

491 L'attenzione amplifica ciò a cui si applica, quindi rivolgere l'attenzione continuamente a ciò che manca ingigantisce il senso della mancanza. Molto meglio rivolgere l'attenzione a ciò che esiste ed è disponibile.

492 Distogliendo l'attenzione da ciò che manca e rivolgendola al valore di ciò che c'è e di ciò che siamo, trasformiamo la mancanza in pienezza.

493 La mancanza non costruisce nulla, produce soltanto sogni.

494 La mancanza ripetendo continuamente i suoi sogni, li trasforma in bi-sogni.

495 I bisogni diventano aspettative.

496 L'aspettativa è la proiezione all'esterno del bisogno. Nasce dalla totale identificazione di se stessi con ciò che manca.

497 L'aspettativa è all'origine della frustrazione.

498 Mancanza, bisogno, aspettativa e frustrazione sono fasi di un processo il cui esito è la distruzione del nostro valore.

499 Anche l'uomo che vive nella pienezza sogna. Trasforma però i suoi sogni in progetti. Impegnandosi nei propri progetti, amandoli, mettendosi in gioco, e vivendo le sfide che essi comportano, l'uomo costruisce il proprio valore: un valore non illusorio, ma reale e verificato.

Pensieri vari

Pensieri vari

500 Non riusciamo in quello che facciamo perché non abbiamo fede. Fede significa visione, volontà e perseveranza. In una sola parola fede significa fedeltà a se stessi.

501 Siete incapaci di essere fedeli a voi stessi, perché non confidate nel Dio che siete.

502 Confidare in Dio significa vedere oltre. Questo *"oltre"* è un punto fermo. Si trova in alto, come il sole, ed è al di sopra tutti i mutamenti.

503 Ricordarci di noi e della nostra natura divina, vuol dire aver acceso un piccolo sole dentro di noi. Il piccolo sole è collegato col grande sole. Sentire questo collegamento nel plesso solare significa vivere una condizione di entusiasmo. Infatti, la parola *entusiasmo* deriva dal greco *en-Theos* che può significare *essere in Dio* oppure *avere Dio dentro*.

504 Un processo è un viaggio da un punto di partenza ad un punto di arrivo. Colui che compie il viaggio, quando arriva non è più lo stesso che era partito.

505 Chi non porta a termine i processi iniziati è perché si lascia sedurre da altro. Ciò accade perché nei momenti più delicati, in cui servirebbe la sua presenza, egli è assente.

506 Seduzione vuol dire che l'uomo viene attratto fuori dalla sua casa ed esce lasciandola incustodita. In assenza del padrone, il negativo entra indisturbato e se ne impossessa.

507 Un uomo che è nella presenza e nell'amore, è inattaccabile e non viene mai sedotto o colpito.

508 Un uomo integro ha coerenza, costanza e perseveranza. In una parola, ha volontà. Quando vuole fare una cosa, la decide, la sente e la fa, perché tutta la sua struttura è in sintonia e collabora all'intento.

509 Tutto è esattamente come deve essere.

510 Il grande aiuto che potete dare all'Universo è realizzare voi stessi.

511 Mentire a se stessi non significa dire delle bugie, ma parlare con convinzione di ciò che non si sa.

512 Ogni cosa è insegnamento per coloro che sono disponibili ad apprendere. Per gli altri, nessuna cosa lo è.

513 Che cosa ve ne fate di un'idea che vi desta ammirazione, ma non vi spinge ad agire? Le idee esistono per essere manifestate, realizzate e vissute. Per prima cosa, quindi, devono generare una motivazione, cioè un motivo per l'azione.

514 L'idea per diventare realtà ha bisogno di un processo, ed è in questo processo che l'uomo spesso fallisce. Il più delle volte non lo inizia neppure perché si appaga dell'idea. Quando lo inizia, difficilmente lo porta a termine.

515 Quando elaborate un'idea troppo grande, essa non si realizza nonostante il vostro impegno. È perché, non conoscendo voi stessi, non sapete che la vostra capacità di fare non è sufficiente. Non si realizza, non perché è impossibile, ma perché non siete pronti, non siete adeguati. Prima serve una trasformazione, un'espansione del vostro essere.

516 La frustrazione è la conseguenza del fatto che vi attribuite una capacità di fare che è superiore a quella reale.

517 L'uomo raramente esprime la possibilità e continuamente esprime il limite.

518 Il vuoto è pieno e il pieno è vuoto.
Il vuoto è vuoto di materia e pieno di possibilità. Il pieno è pieno di materia e vuoto di possibilità. Il pieno non ha più nessuna possibilità perché non ha spazio né per accogliere, né per concepire.

519 La crescita non è pensare, dire, sentire e fare tante cose, rimanendo sempre uguali, la crescita è trasformazione. La trasformazione avviene ogni volta che ci si occupa di qualcosa dall'inizio alla fine, svolgendo l'intero processo.

520 La crescita è il frutto del *portare a temine,* del portare a compimento.

521 Lo sforzo della trasformazione va fatto tutto. La trasformazione iniziata deve essere portata a termine e ciò significa che si deve pagare il prezzo che costa. Il prezzo è l'abbandono del proprio dolore, della propria sofferenza, delle proprie limitazioni e dei propri attaccamenti. Dovete pagarlo personalmente questo prezzo, nessuno può pagare al posto vostro.

522 Trasformazione è diventare altro da ciò che siete, qualcosa di più dal punto di vista dell'essere e qualcosa di meno dal punto di vista dell'ego.

523 L'atteggiamento giusto nella vita è: ci voglio essere, voglio vedere quello che c'è da vedere, voglio ascoltare quello che c'è da ascoltare, voglio fare quello che c'è da fare e voglio vivere quello che c'è da vivere. Vivere pienamente, infatti, è l'unico modo di sconfiggere la morte.

524 Esserci è un compito che non finisce mai, perché si perfeziona ogni giorno. Esserci vuol dire costruire, non vuol dire distruggere. Imparare ad esserci è la conoscenza e la conquista di se stessi.

525 L'amore è il riaffermare, giorno dopo giorno, di volerci essere, al di là dei conflitti che prima sembrano giganteschi, ma dopo si rivelano insignificanti.

526 La difficoltà è la misura di ciò che siete. Quando siete più grandi di un accadimento, esso non è per voi una difficoltà. Quando invece lo è, vi mostra che siete più piccoli.

527 Quando temete di non farcela, ricordate: non è la difficoltà che è grande, siete voi che vi siete resi piccoli di fronte ad essa. Se ve lo ricordate, sentirete la forza emergere dentro di voi.

528 Non potete pensare che la vostra crescita avvenga senza l'incontro con la difficoltà. Avviene proprio grazie al superamento della difficoltà, perché la difficoltà siete voi.

529 La vostra vibrazione vi porta, per risonanza, verso i luoghi, dove esiste una vibrazione della stessa frequenza. Se volete accedere a luoghi più elevati, dovete innalzare la frequenza nel vostro quotidiano.

530 Innalzare la propria frequenza è la strada per il paradiso; abbassarla è la strada che porta all'inferno.

531 Coltivando l'amore, la nostra frequenza si alza. Coltivando la paura, si abbassa.

532 Quando una comprensione piccola incontra una Verità grande, dovrebbe cercare di ampliarsi per poterla contenere almeno un po'. Ciò richiede la trasformazione di colui che cerca di comprendere.

533 Spesso accade che una comprensione piccola, entrando in contatto con una Verità grande, la riduce e la deforma. Lo fa per poterla contenere, ma ciò che alla fine afferra non è la Verità, ma l'immagine del proprio limite e la fotografia del proprio passato.

534 Per comprendere l'incomprensibile dovete allargare la vostra comprensione. Altrimenti prenderete ciò che è più grande della vostra capacità di comprensione e lo rimpicciolirete fino a farlo rientrare in essa. A quel punto penserete di averlo compreso, ma lo avrete frainteso.

535 Chi incontra l'incomprensibile deve sapere che non può comprenderlo senza trasformarsi.

536 La vita è illimitata e sconfinata.

537 La vita è un oceano, non è il bicchier d'acqua con cui ci dissetiamo tutti i giorni.

538 La sapienza nasce nel momento in cui vi accorgete di non sapere nulla. La saggezza, è sapere di non sapere.

539 L'arroganza è semplicemente un nucleo di certezze.

540 La violenza è un nucleo di certezze che si vuole imporre agli altri. Si verifica quando l'arroganza assume il comando della vita.

541 Chi diventa umile, cessa ogni violenza.

542 La chiave di una vita vera è non mentire a se stessi.

543 La ricerca della Verità la potete solo vivere. La potete vivere riconoscendo ciò che, quotidianamente, si presenta a voi. Il riconoscimento della Verità è sempre dell'anima.

544 Un uomo non può dirigere se stesso nella ricerca della Verità; può solo tenere la porta aperta e la luce accesa.

545 La vita è grande e potete aprirvi gradualmente ad essa. Vi aprite sempre più, man mano che abbandonate il vostro sapere, perché ne riconoscete la miseria e la vanità.

546 Maestro è colui che vi indica una direzione da sperimentare, ma poi l'esperienza è vostra, e anche il frutto che ne ottenete è vostro.

547 Alcuni considerano maestro chi offre loro ciò che desiderano. Così allorché il maestro incomincia a suggerire altro, si sentono traditi e lo abbandonano.

548 La convinzione è sempre una deformazione della realtà e spesso diventa una violenza sugli altri.

549 La giustizia non c'entra con la vendetta, ma spesso l'uomo chiama giustizia la vendetta. La vendetta è percepita come qualcosa che allevia il proprio dolore. È una falsa percezione perché il sollievo è temporaneo. Infatti, la vendetta è violenza della stessa matrice di quella subita e produrrà inevitabilmente altro dolore.

550 Al vendicatore piace colpire qualcuno, perché, per lenire il proprio dolore, gli serve un capro espiatorio. È secondario che quel qualcuno sia veramente colpevole o lo sembri soltanto. Per questo, la vittima che cerca di vendicarsi del tiranno, diventa tiranno a sua volta.

551 Il desiderio di vendetta e quindi l'odio, è un mondo molto piccolo, chiuso, buio, e con le pareti dure come la pietra. È letteralmente un inferno.

552 L'odio appartiene a colui che odia, perché, se l'odio non fosse dentro di lui, egli sarebbe incapace di odiare. Chi viene odiato non c'entra, funge solo da pretesto. Altrettanto vale per l'amore. L'amore è in chi ama, non in chi è amato. In chi è amato esiste l'amore di cui egli è capace. Semplice conclusione: *chi sa amare, ama, chi sa solo odiare, odia.*

553 La responsabilità di vivere è vostra. Guardate come vivete, perché, se il vostro modo di vivere non vi aggrada, lo potete cambiare.

554 Ogni cosa appartiene a chi la fa. La responsabilità di un atto è di chi lo compie.

555 Se siete arrabbiati è perché la rabbia esiste dentro di voi e qualcosa l'ha risvegliata.

556 Quando un uomo proietta la sua rabbia su qualcun altro è perché non vuole vedere la realtà e non vuole vedere se stesso. Può però venire un momento in cui si assume la sua responsabilità e decide che vuole incominciare a vedere.

557 Quando un uomo sceglie di vedersi inizia la magia. Si osserverà nei momenti in cui è arrabbiato e penserà: *Butto fuori* *la rabbia, perché ce l'ho dentro. L'ho dentro? Come mai?* Con queste domande incomincia un cammino grandioso: il cammino della conoscenza di se stesso.

558 L'anticamera della rabbia è la frustrazione. La frustrazione nasce perché non riuscite ad avere o ad essere quello che volete. Ciò accade perché non avete il potere di guadagnarvelo, ma solo il vittimismo di pretenderlo. Tutto può essere vostro, ma tutto deve esser guadagnato e per essere guadagnato dovete avere il potere di saperlo manifestare.

559 La rabbia, quando si cristallizza come attitudine stabile, diventa odio. Allora perdete la possibilità di vedere voi stessi, perché l'odio vi fa vedere solo colui che odiate. Non vedete neppure che state odiando.

560 Non dite che non avete fatto perché vi è stato impedito. Non avete fatto perché non avete accettato di pagare il prezzo che c'era da pagare. Avete preferito il piacere alla disciplina. Va bene, allora state col vostro piacere. Se avete avuto il piacere, siete già stati pagati e non potete pretendere altro.

561 Laddove non c'è uno spirito che crea il Senso e il Significato, tutto è caos.

562 Quando la spinta dell'amore, nato come attrazione, viene meno, è il momento di incominciare a guadagnare l'amore reale. È il momento in cui essere fedeli a quell'amore. È così sempre, in tutte le cose.

563 L'amore di Dio l'avete dentro di voi ancor prima di venire sulla terra. È un amore che vi appartiene, e di cui siete pieni.

564 La Vita è l'espressione di un amore immenso. Dovremmo sentirci amati sempre, al di là delle mancanze, delle paure e dei limiti.

565 Il limite che vi trovate davanti nel vostro quotidiano è qualcosa che vi imprigiona o è qualcosa che vi libera? Dipende da voi. Vi libera, se vedete nel limite un insegnamento che c'è apposta per permettervi di andare oltre.

566 Ridefinire e ridefinirvi è l'inizio del cambiamento.

567 Tutto sta nella lettura della vita. Il quotidiano è come un libro: c'è scritto ciò che dovete fare. Se non lo sapete leggere, perdete l'opportunità che contiene. Se ciò accade tutti i giorni, perdete la vita stessa.

568 A che vi serve leggere tutti i giorni tanti quotidiani se non sapete leggere il vostro?

569 Non esistono maestri intesi come esseri che leggono la vita al vostro posto. Esistono maestri, addestrati a leggere la propria vita, che possono, col loro esempio, aiutarvi a trovare le chiavi per leggere la vostra.

570 Come si fa a vedere? Bisogna essere aperti e ricettivi. La ricettività è l'assenza di giudizio nella mente, di paura nelle emozioni e di contrazione nel corpo.

571 *Fai secondo la tua Fede* vuol dire: *Fai secondo la tua capacità di leggere la vita.*

572 Il quotidiano è il maestro più grande.

573 La chiave per essere felici è vedere ciò che serve e farlo.

574 La bruttezza nasce quando noi non sappiamo più vedere.

575 La crescita nasce da una spinta interiore a riconoscere la bellezza di ciò che esiste. Quando negate la bellezza, bloccate il vostro processo evolutivo.

576 Il limite è il togliere valore. Quando togliete il valore tradite voi stessi e vi togliete le possibilità. Perché un uomo toglie valore a qualcosa? Perché vuole difendere altre cose. In profondità, ciò che difende è la sua paura: la paura sui cui ha costruito il proprio ego, la propria identità.

577 Che cosa significa ritornare alla Vita? Significa darle sempre più valore, fino a spendere, in questo dar valore, tutto l'ego o identità. Quando avete bruciato tutta l'identità, essa è diventata cenere, e voi siete vivi e liberi. Siete liberi perché l'identità è l'impossibilità di cambiare, è il rimanere sempre identici.

578 La vita è bellezza. Quando ve ne accorgete, è perché avete aperto gli occhi.

579 Dovete coltivare il sogno, altrimenti lo perderete. Occorre coltivarlo fino a che non sia diventato realtà. Se perdete il sogno prima che diventi realtà, non dovete dire: quel sogno non era reale. Dovete dire: "Io ho perso il sogno".

580 La visione è lo sguardo che si spinge in alto e dall'alto contempla.

581 In che modo posso rendere stabile la visione? Incominciando a costruire con amore nella direzione che la visione mi indica.

582 Perché si perde la visione? L'uomo perde la visione quando, per quanto disposto a fare molte cose non è disposto a fare la più importante: pagare. Pagare cedendo la pigrizia, la paura, la sicurezza e soprattutto le certezze e le convinzioni.

583 La crescita non avviene mai togliendo valore, ma solo accrescendolo.

584 Un cammino di crescita consiste nel dare valore. Dare valore vuol dire mettere in moto la vostra capacità di amare e di aprirvi alla vita. Ogni volta che togliete valore, sappiate che state tradendo voi stessi e vi state chiudendo.

585 Il valore non si dà a una cosa sì e a un'altra no, il valore si dà ad ogni cosa.

586 Quando improvvisamente vi appare una porta è perché un attimo prima l'avete aperta dentro di voi. Quell'attimo non durerà. La porta scomparirà: oltrepassatela subito. È un momento magico, un momento di immensa bellezza: va colto. Potrebbe ripetersi subito dopo, ma potrebbe non ripetersi mai più.

587 Tutti i giorni la vita vi passa davanti e vi mostra porte che si aprono.

588 Bisogna cercare di andare sempre oltre la difficoltà, mai dire: la difficoltà è troppo grande.

589 Il desiderio è una forma di proiezione che mette distanza fra voi e l'oggetto desiderato. Più grande è la carica che ci mettete e più lo allontanate. Più ci fantasticate sopra e meno si realizza. Più lo pretendete e più vi sfugge.

590 Nel momento in cui, per una spinta d'amore, lasciate andare il desiderio, esso vi ritorna immediatamente come dono.

591 Non dovete cercare l'amore, ne avete in abbondanza: dovete solo distribuirlo. L'amore che cercate, non lo troverete mai, perché cercare l'amore, significa negarlo e quindi impedirlo.

592 L'amore è il dono di sé, lo incontri nell'attimo che doni.

593 Quando vedete la bellezza siete nella Verità, quando vedete la bruttezza, siete altrove.

594 Il giudizio è pensiero nella mente, ma nell'emozione è paura. Per questo, esprimendo giudizi, comunicate, in realtà, la vostra paura. Cosi risvegliate la paura dell'altro. I litigi che in apparenza sono scontri di opinioni, in realtà sono guerre di paure.

595 Quando vi esprimete nella chiarezza, mostrate che in quell'attimo siete senza paura. Allora avviene la comunicazione. Infatti, la paura, normalmente, ostacola la comunicazione perché intorbida e sporca ogni cosa, impedisce l'incontro, l'ascolto e l'intesa reciproca.

596 È arroganza credere di poter giudicare ciò che non si conosce. Eppure si giudica solo ciò che non si conosce. Di ciò che si conosce, si ha l'esperienza, quindi non serve a nulla giudicarlo.

597 La comunicazione e la chiarezza avvengono tanto quanto una persona prende distanza dalla propria paura.

598 Senza sincerità non si va da nessuna parte.

599 La paura finisce per rendere reali le cose che teme.

600 È dalla paura che nasce la rabbia.

601   Non rispondete mai a un'affermazione di principio con un'obiezione di fatto. Se lo fate, significa che rifiutate il principio, ma non potete confutarlo, perché, intimamente, lo riconoscete vero. Facciamo un esempio. Affermazione: *Il fumo fa male alla salute*. Obbiezione: *Non è vero, mia nonna ha novanta anni, fuma da settanta e sta benissimo*.

602   Perché l'uomo nega, e talvolta combatte, ciò che, intimamente, riconosce vero? Perché accogliere la verità, lo obbligherebbe a cambiare.

603   L'ego o falsa personalità è specializzato nell'elencare le ragioni per non fare.

604   Le persone che si scagliano, si precludono la possibilità di comprendere.

605   Il giudizio e l'autodifesa portano allo schieramento prima, e alla guerra poi.

606   Se dalla vostra bocca escono parole senza valore, tanto vale che non le diciate.

607   Se per ciò che affermate, non intendete versare neppure una goccia di sangue, è molto meglio che restiate in silenzio.

608   Chi non riesce ad esprimersi con le parole, si esprime, e spesso assai meglio, con la natura delle proprie azioni.

609   Verità significa neutralità. La verità include, non esclude. La verità non si schiera perché include sempre entrambi gli schieramenti. La Verità è neutrale anche nel senso che è indifferente a ciò che voi ve ne farete.

610 Quando un uomo sceglie una direzione e intraprende un cammino, prima o poi, incontra dentro di sé il rifiuto per uno o più aspetti della scelta fatta.

611 Un modo costruttivo di affrontare il rifiuto che si prova nei confronti di una scelta fatta, consiste nel riprenderla in esame, con serenità e con distacco. Se la scelta conserva il suo valore, l'ideale è andare oltre il rifiuto e riconfermare la scelta.

612 Il modo più distruttivo di affrontare il rifiuto che si prova nei confronti di una scelta fatta è quello di non riconoscerlo come propria difficoltà, e di proiettarlo sulle situazioni o sugli altri sotto forma di errore, critica, ingiustizia o accusa.

613 Il vostro ego vi tradisce e l'ego dell'altro tradisce l'altro. Così quando vi incontrate si verifica l'attrito. L'attrito non è altro che uno specchio. Se sapete osservare la vostra immagine riflessa, ottenete informazioni utili alla vostra liberazione.

614 Le relazioni vi mostrano il vostro ego o falsa personalità. Purificando le relazioni, purificate e liberate voi stessi.

615 La ribellione fa degradare la qualità del vostro mondo.

616 Se fate una scelta, avete una direzione e potete intraprendere un cammino. L'ideale è percorrerlo fino in fondo. Se lo fate, la scelta diventa realtà e voi entrate in un nuovo mondo. Così, il vostro, è stato un processo creativo. Se non lo fate, il mondo che si era aperto ai vostri occhi, si richiude. Vi siete illusi e restate delusi. Così, il vostro, è stato un processo illusorio.

617 Se il comportamento di qualcuno vi fa reagire è perché vi colpisce. Il punto non è non reagire, ma evitare di essere colpiti.

618 Se il comportamento di qualcuno vi ferisce è perché siete in un luogo di vulnerabilità. Lì sarete sempre feriti. Se non lo farà l'uno, lo farà l'altro. E lo farà anche chi non ha nessunissima intenzione di ferirvi e magari vi ama sinceramente. Se voi vi aspettate che le persone smettano di ferirvi, sarete sicuramente delusi. Se poi lo pretendete, e vi arrabbiate se non lo fanno, andrete incontro ad ogni sorta di incomprensione e di guerra. Il peggio è che, così facendo, non uscite dal luogo di vulnerabilità. Per uscire dal luogo di vulnerabilità servono due cose: riconoscere profondamente il proprio valore e accettare le situazioni.

619 Riconoscere profondamente il proprio valore significa averlo sempre presente, e non farlo mai dipendere dal riconoscimento degli altri, fossero anche le persone che più amiamo. Se riconosciamo il nostro valore, esso esiste, indipendentemente da tutto, ed è il presupposto di ogni nostra azione. Coltivare l'aspettativa è uno dei modi in cui neghiamo il nostro valore.

620 Accettare le situazioni è possibile se teniamo presente che la lettura che diamo degli eventi è una nostra interpretazione e che gli altri danno altre interpretazioni. Esse dipendono dalla storia di ognuno e le stesse cose, per persone diverse, hanno significati diversi.

621 Siamo vulnerabili se siamo attaccati alle nostre certezze o alla nostra immagine.

622 Se siamo attaccati, verremo attaccati.

623 Ci sentiremo attaccati quando la vita incomincerà a scalfire le nostre certezze, mettendo a nudo le nostre paure. Ci sentiremo attaccati quando comincerà a sgretolarsi l'immagine di noi stessi che abbiamo costruito con cura e abbiamo cercato di imporre agli altri.

624 Se riconosciamo il nostro valore e comprendiamo le situazioni, ci distacchiamo dalla nostra immagine. Allora nulla può più attaccarci. Saremo usciti da un luogo di vulnerabilità ed entrati in un luogo di inattaccabilità.

625 Quando togliete il rifiuto e accettate di mettervi in gioco, sentite la paura di fronte allo sconosciuto. Finché c'era il rifiuto, la paura non si sentiva. Infatti, il rifiuto è un anestetico e anche un antidolorifico. Il rifiuto non è però la via giusta. Funziona solo per poco, ma poi aggrava ciò che voleva risolvere.

626 Un mondo che non si conosce spaventa, ma è bene abbandonare la paura, il prima possibile.

627 Cercare di vivere di bellezza. La bellezza è una vibrazione sapiente, che viene costruita con amore e con arte e si distrugge sempre attraverso la negazione e la ribellione.

628 Il ribelle si trova sempre in mano un pugno di mosche, perché ha distrutto l'equilibrio, l'armonia e la bellezza.

629 La paura ha la funzione di creare una condizione transitoria di all'erta. Non è quindi sbagliata, ma lo diventa, se si trasforma in uno stato permanente. Allora assume il controllo della mente e i pensieri prendono vie tortuosissime e complicatissime.

630 Una mente, ben educata e capace di un pensiero preciso, è un grande aiuto nei confronti della paura. Infatti, difficilmente si lascia possedere e tende sempre a ripristinare il reale significato degli eventi che la paura vorrebbe stravolgere.

631 Riacquistare un uso corretto della mente è fondamentale perché è un'alleata straordinaria nell'affrontare l'oscurità che c'è dentro di noi.

632 Affermare il negativo è la caratteristica di una mente spaventata.

633 La precisione è vita, perché significa calarsi nell'attimo e nel piccolo.

634 La precisione è una presenza nel fare che affranca dalla paura e agevola la comprensione.

635 Serve un tempo per comprendere. La comprensione non è mai immediata ed è suprema intelligenza, prima di dire di no, prendersi un tempo.

636 Chi ha compreso, dice subito sì.

637 In un gruppo ciascuno contribuisce alla crescita di tutti. È come un mulino dove ognuno porta il suo grano. Il grano viene macinato e trasformato in farina. Con la farina si prepara il pane. Del pane ognuno ne mangia in base alla propria fame, e non in base alla quantità di grano che era riuscito a portare.

638 Liberare il pensiero dalle sue categorie ci dà la possibilità di concepire il nuovo. Le categorie sono confini che la mente traccia per delimitare il campo di lavoro dell'attenzione. Essi dovranno essere cancellati allorché il lavoro è finito. Se la mente se ne dimentica, vi resta imprigionata. Così i confini diventano come le sbarre di una prigione, diventano limiti nella mente.

639 Il tempo è ciclicità e ripetizione. Il giorno e la notte sono uno dei cicli della terra come le settimane, i mesi, le stagioni, gli anni … etc.

640 L'attenzione è la più grande delle ricchezze, perché è grazie all'attenzione che creiamo la realtà.

641 L'uomo irrequieto si crede furbo, ma viene continuamente usato.

642 Quando il mondo emozionale si spoglia delle emozioni negative, si purifica e gestisce al meglio l'energia disponibile.

643 La disciplina è l'amministrazione delle energie.

644 Non dovete restare attaccati al passato; il passato è così potente perché voi ogni mattina, quando mettete i piedi giù dal letto, lo riconfermate. Se non lo riconfermate, non si fa vivo.

645 Il lavoro su di sé non incomincia con l'eliminare il negativo: non ci si può riuscire. Incomincia con l'osservare il negativo che ci possiede, e cercare di non esprimerlo.

646 Bisogna imparare da chi sa, questa è la chiave. Chi sa è chi sa fare. Sa fare perché in passato, ha imparato da se stesso o da qualcun altro.

647 Un cammino incomincia con uno scopo e prosegue grazie a ciò che a quello scopo riusciamo a donare.

648 Coltivare eccessivamente i bisogni può portare alla violenza.

649 Dalla qualità dei pensieri dipende il valore dei sentimenti e delle azioni, nonché la salute del corpo.

650   Universo significa *"rivolto verso l'Uno"*.

651   Quando la mente è rivolta verso l'Uno, il pensiero diventa universale e assume il suo massimo valore.

652   Se la mente è rivolta a Dio, pensiero e realtà entrano in Perfetta Sintonia. Allora il pensiero, divenuto universale, comprende l'universo.

653   La mente, il cuore, il corpo e sono aspetti indispensabili alla vita umana. Se ne trascuriamo uno, distruggiamo l'unità, l'integrità, e la pace.

654   La coscienza ha il compito di scegliere, dopodiché cede il timone alla mente affinché mantenga la rotta. Se tutto ciò avviene in maniera costante e impeccabile, l'irrequietezza scompare e la guerra interiore si trasforma in pace.

655   Quando c'è la pace interiore, il divino emerge dal profondo e illumina la personalità.

656   Di fronte a un disagio, l'ego afferma: *Qui ci sono delle cose da mettere in chiaro!* L'anima, invece, si chiede: *Che cosa c'è da imparare?* La coscienza decide quale delle due voci ascoltare.

657   La mente è un servitore straordinario, ma non è niente di più. Chi è il padrone? Il padrone è la coscienza, se c'è. Quando la coscienza non c'è, l'ego assume il comando.

658   L'ego imprigiona e porta sofferenza.

659   Libertà e gioia significano liberazione dall'ego.

660   Dissolvere l'ego vuol dire acquisire la coscienza di sé.

661 Rendete cosciente l'inconscio, altrimenti sarà l'inconscio a rendere incoscienti voi. Illuminate il vostro lato oscuro, altrimenti sarà il lato oscuro a risucchiarvi nel buio.

662 La conoscenza di sé precede la coscienza di sé.

663 La conoscenza di sé inizia con la decisione di occuparsi anche di se stessi, e non sempre e solo, degli eventi esterni, dei fatti degli altri e delle teorie astratte.

664 Perseguire la conoscenza di sé vuol dire occuparsi prima di tutto della trave nel proprio occhio.

665 Coltivate la fiducia. Essa è, al tempo stesso fiducia in voi stessi, negli altri, nella vita, in Dio.

666 L'integrità è il punto di partenza della vita dell'uomo: lo stato che precede ogni divisione. È l'innocenza del bambino. L'integrità può anche essere il punto di arrivo della vita dell'uomo: lo stato che si raggiunge quando ogni conflitto è pacificato. È la semplicità del saggio.

667 La semplicità del saggio è l'organizzazione di una grande complessità.

668 La semplicità del saggio non è ignoranza, ma è la dissoluzione di una grande conoscenza che si è trasformata in saggezza.

669 Il bambino è semplice e innocente. Crescendo entra nella complessità e perde l'innocenza. Il saggio, coltivando la verità, supera la complessità e ritorna alla semplicità.

670 L'integrità del bambino è la semplicità innocente che esiste prima del vivere, l'integrità del saggio è la semplicità cosciente che esiste dopo aver vissuto.

671 Ciò che è utile non è rimanere bambini, ma ritornare bambini. Rimanere bambini significherebbe negarsi alla vita e rifiutare l'esperienza. Ritornare bambini significa che, dopo essersi tuffati nella vita e aver vissuto l'esperienza, la si lascia andare, conservandone l'essenza e il significato.

672 Bisogna perdere l'innocenza per acquisire una nuova innocenza, perdere la semplicità per una nuova semplicità, perdere l'integrità per una nuova integrità.

673 Bisogna morire al vecchio per rinascere al nuovo.

674 Una mente in pace, quando si concentra, ha un potere immenso.

675 Essere concentrati significa che il mondo interno e il mondo esterno hanno lo stesso centro, sono concentrici. In quel centro tutto arriva, da quel centro tutto parte.

676 Concentrazione significa che voi siete l'elemento attivo, e l'oggetto, cui rivolgete l'attenzione, è l'elemento passivo. Ciò ve ne rende padroni. Identificazione significa che voi siete l'elemento passivo e l'oggetto è l'elemento attivo. Ciò ve ne rende schiavi.

677 L'attenzione è luce.

678 Concentrazione vuol dire che rivolgo l'attenzione all'oggetto e lo illumino, conservando la mia luce e la mia energia.

679 Identificazione vuol dire che l'oggetto risucchia la mia attenzione. Si illumina, impossessandosi della mia luce e della mia energia.

680 Chi è identificato, vive nell'oscurità e nella stanchezza.

681 La concentrazione è sempre un successo, qualunque sia il modo in cui la utilizziamo. Infatti, è la creazione di un'attitudine di grande valore che dà energia, crea forza e contribuisce alla padronanza di sé.

682 La mente, se non è in pace, amplifica la paura e moltiplica l'irrequietezza.

683 Mantenere un intento fino a produrre un risultato concreto significa imparare a fare. Ciò ci rende più intelligenti. Infatti, tutti siamo stupidi in quello che non sappiamo fare e tutti siamo intelligenti in ciò che sappiamo fare.

684 La direzione è data dal segmento che collega il punto di partenza col punto di arrivo. Non basta decidere il punto di arrivo, cioè il luogo dove vogliamo andare, bisogna anche stabilire la nostra esatta posizione, cioè il punto da cui partiamo.

685 Perde la direzione chi continua a cambiare idea circa il punto d'arrivo, e perde la direzione chi continuamente si confonde sul punto di partenza.

686 Per andare da qui a là bisogna avere un'idea esatta di che cosa è il qui e che cosa è il là.

687 La trasformazione è un viaggio dell'essere. È un viaggio da qui, ciò che siamo ora, a là, ciò che saremo poi. Non riesce a compierlo chi non sa esattamente cos'è il qui e cos'è il là.

Conoscere il qui significa conoscere se stessi. Conoscere il là significa conoscere l'intento dell'anima.

688 L'umiltà è riconoscere i propri talenti senza sentirsi superiori agli altri, la falsa umiltà è abbassarsi al di sotto dei propri talenti. La superbia è attribuirsi talenti che non si possiedono e pretenderne il riconoscimento.

689 Il potere è la capacità di ricevere; l'amore è la capacità di dare.

690 Amore e potere sono due modi di descrivere una cosa sola, il flusso dell'energia. Il potere è la capacità di far entrare l'energia e l'amore è la capacità di farla uscire. L'energia è come se scorresse attraverso un tubo. Il diametro del tubo è tanto più grande quanto maggiore è l'equilibrio di amore e potere.

691 Perché il meccanismo del dare e del ricevere funzioni sempre meglio, bisogna far crescere l'amore e il potere insieme.

692 Se in noi c'è un grande equilibrio di amore e potere, disponiamo di un grande tubo per lo scambio dell'energia vitale.

693 Equilibrio di amore e di potere, significa vitalità.

694 Diminuire l'amore o il potere, significa rimpicciolire il tubo, e quindi perdere vitalità, perché il flusso di energia vitale diminuisce.

695 Il flusso dell'energia vitale si blocca completamente, quando non c'è amore, o quando non c'è potere. Tiranno è colui che ha potere, ma non ha amore. Vittima è colui che ha amore, ma non ha potere.

696 Tiranno e vittima cercano spesso di sfuggire alla morte cercandosi e unendosi, nell'illusione di completarsi l'un l'altro. Ciò che ottengono è una vita fatta di dipendenza.

697 La dipendenza è sempre reciproca perché il tiranno è vittima della propria vittima e la vittima è tiranno del proprio tiranno.

698 Tiranno e vittima potrebbero uscire dalla loro condizione, il primo imparando l'amore, il secondo imparando il potere. Così riaprirebbero il tubo di flusso dell'energia vitale.

699 Non bisognerebbe bloccare il flusso dell'energia perché l'energia, che fluendo crea la vita, è la stessa che bloccata, crea la malattia. L'energia bloccata si trasforma da energia vitale in energia letale.

700 La cura di ogni malattia consiste nel ricreare l'equilibrio di amore e di potere.

701 La guerra non bisognerebbe mai accettare di combatterla. Infatti, una volta iniziata, prosegue fino al completamento della sua opera di distruzione. A ciò esiste una rarissima eccezione ed è l'improvviso risveglio della coscienza di uno dei due combattenti che depone le armi, gira le spalle e se ne va.

702 L'atteggiamento dell'apprendimento è un atteggiamento di apertura.

703 Il sapere è solo informazione immagazzinata nel cervello. Quando il sapere diventa esperienza, si produce un'essenza che confluisce nell'anima. Questa essenza è come un distillato di vita, un senso profondo del vissuto, un granello di significato esistenziale. Con la morte, il cervello si decompone e il sapere che conteneva svanisce. L'anima, invece, prosegue il suo cammino arricchita dall'essenza delle esperienze fatte.

704 Nel cervello risiede la memoria del sapere, nell'anima la memoria dell'essere.

705 Oltre all'ascolto delle parole, esiste anche la percezione del loro significato profondo, e del luogo interiore da cui traggono origine. Ascoltare veramente, significa scendere nella profondità.

706 La vita ci interroga continuamente. Chi crede di sapere già le risposte non intraprende nessuna ricerca.

707 Fate esperienza di ciò che vi arriva, cioè delle domande che la vita vi pone. Qualunque risposta darete in base all'esperienza, è quella giusta.

708 Perché Dio manda la sua luce sui belli e sui brutti, sui buoni e sui cattivi? Perché Dio comprende. Dio non esclude, include e affratella, come fa un padre. I brutti e i belli, i buoni e i cattivi non sono tali secondo Dio, lo sono solo secondo noi. Sospetto che quando Dio osserva le nostre categorie e le divisioni che creiamo, a stento trattenga le risate.

709 Quando un uomo guarda una cosa e ne vede un aspetto, non si sbaglia, perché ciò che vede è reale. Se un altro uomo vede un altro aspetto, anche quello è reale. Non ci sarebbe guerra se ognuno abbandonasse la follia di credere che ciò che vede è tutto ciò che esiste.

710 Quando una persona vi mostra l'aspetto che lui ha visto, è sciocco che esprimiate disaccordo, solo perché ne vedete un altro. Se vi metteste nel luogo da dove lui guarda, vedreste le stesse cose.

711 Lo scopo di ognuno è di mettere a frutto la propria vita e a questo fine riceve degli input. Il difficile è riconoscerli. Questi input ci sono tutti i giorni, sono *il nostro pane quotidiano*.

712 L'ascolto presuppone l'interesse per quello che l'altro ha da portare. La guerra avviene perché voi non ascoltate l'altro e l'altro non ascolta voi.

713 Il confronto non cerca la ragione, cerca la ricchezza che l'altro rappresenta.

714 Vi sono persone che rifuggono dal cuore, perché hanno paura dell'emozione. La interpretano come debolezza e temono che, coltivandola, soccomberebbero. Altre rifuggono dalla mente, perché hanno paura dell'autorità. La interpretano come tirannia e temono che, accettandola, ne rimarrebbero schiacciate. Entrambe le paure sono infondate e creano divisione interiore. Ciò che invece serve è l'unità.

715 Così come dall'unione dell'uomo e della donna nasce una nuova vita, allo stesso modo dall'unione di maschile e femminile dentro di ognuno, nasce una nuova qualità dell'essere. Nulla è più bello del partorire se stessi.

716 La depressione è mancanza di energia. L'energia manca perché è stata sprecata.

717 L'energia viene sprecata cioè perduta, quando se ne fa un uso distruttivo. Se invece se ne fa un uso costruttivo, l'energia viene consumata, ma ne ritorna in abbondanza grazie alla costruzione fatta.

718 L'uso distruttivo dell'energia consiste nell'esprimere il negativo e nell'inseguire l'illusione. L'uso più distruttivo dell'energia è la guerra, ogni genere di guerra.

719 Amministrare le energie, incomincia col togliere tutto ciò che è inutile: pensieri illusori, emozioni negative, azioni inutili. Togliendo tutto ciò che non serve, il mondo emozionale acquista leggerezza e velocità, e la depressione diventa passione.

720 Quando siete coscienti, siete presenti e pieni di energia. Allora l'energia vi spinge in alto verso il paradiso. Quando siete nell'identificazione, siete assenti e stanchi. Allora la mancanza di energia vi porta in basso verso l'inferno.

721 L'uomo che va in una scuola e si dimentica che è lì per imparare e poi incomincia ad insegnare e a dettar legge, dimostra che non si sa collocare.

722 Perché una scuola funzioni, serve che tutti si collochino esattamente. Deve essere chiaro chi ha il compito di insegnare e chi ha il compito di imparare. Senza questa chiarezza si produce un'ambiguità che distrugge la possibilità.

723 Le regole non servono fra uomini che hanno coscienza e responsabilità. Se però ne sono privi, le regole diventano indispensabili.

724 A volte l'uomo incontra la durezza delle regole come risposta alla propria irresponsabilità.

725 Essere responsabili di se stessi, è cosa importante, ma rara, perché l'uomo utilizza milioni di trucchi, per essere responsabile di tutto tranne che di sé.

726 Le parole sono una responsabilità. Non è una responsabilità da sottovalutare ed è meglio tenerla presente ogni volta che ci si accinge a parlare.

727 Se abbiamo sbagliato, non importa. Riconosciamolo e cerchiamo di fare meglio la prossima volta. L'errore non è un problema se non cerchiamo di giustificarci attribuendolo ad altri.

728 Se a un certo punto vivete un disagio nella vostra vita, non è accusando gli altri che scomparirà.

729 Serve molta sincerità per guardarsi. I trucchi per evitare di guardarsi sono due: la negazione e la proiezione.

730 La sincerità è semplice, diretta e pulita. La falsità è complicatissima e contorta.

731 Incontrarsi per costruire insieme è una cosa bellissima ed è sempre bello accogliere chi vuole unirsi. Infatti, la costruzione è sempre inclusiva e mai esclusiva. È la distruzione che è esclusiva.

732 La comunicazione ha spesso l'intento di chiarire, ma se contiene l'accusa, non chiarisce niente.

733 Chi cerca la Verità non difende niente.

734 La ricerca della Verità non contiene accusa, lamento o vittimismo e non contiene mai la guerra.

735 Ricercare la Verità insieme, significa costruire una fratellanza. È grazie ad essa che si realizza la possibilità di comprendersi.

736 Esiste un luogo dentro di voi dove tutto è uno. In quel luogo sapete tutto, se parliamo di sapere, siete tutto, se parliamo di essere.

737 L'essenza del vivere è questa: più togliete più vi avvicinate al centro.

738 Quando più persone condividono la ricerca della Verità e progrediscono insieme, nasce una fratellanza che non può più essere distrutta.

739 Se siete alterati o vi sentite in conflitto, anche se ascoltate una persona che si esprime nel modo più pulito del mondo, la fraintenderete.

740 Sapere ascoltare, significa saper mettere temporaneamente da parte le proprie certezze.

741 Saper esprimere, significa saper mettere temporaneamente da parte le proprie paure.

742 Togliete tutto ciò che non serve. Può non essere negativo in sé, ma lo diventa perché diluisce la verità.

743 Quando qualcuno arriva da voi con la sua maldicenza, non collaborate creando la complicità.

744 Soffrire utilmente va bene, perché poi siamo ricompensati dal cambiamento, ma soffrire inutilmente, è proprio da stupidi.

745 L'amore appartiene alla coscienza, non alle emozioni.

746 La possibilità di contatto col divino è sempre qui.

747 Il quotidiano contiene già tutto, solo che non lo sappiamo più leggere.

748 Il valore della vita è nel Riconoscimento. Non si tratta di conoscere, ma di riconoscere.

749 Se riconoscete ciò che avete scelto, riconoscete voi stessi.

750 Non riconoscere significa perdere molte opportunità.

751 Riconoscere vuol dire essere pronti.

752 La porta che conduce al passato, al negativo e alla guerra, decidiamo di chiuderla subito, ora, e definitivamente.

753 La luce non può essere in guerra con la tenebra perché non la incontra mai. Quando la luce arriva, la tenebra scompare. Quando la luce se ne va, la tenebra riappare.

754 Se c'è la luce, la tenebra non può arrivare e cacciarla. Infatti, la tenebra non è una realtà esistente di per sé, ma è solo mancanza di luce.

755 Un uomo che vuol vivere nelle tenebre non può cacciare la luce, può però chiudere le finestre.

756 Due realtà si combattono reciprocamente solo se sono allo stesso livello.

757 La realtà inferiore può chiudersi a quella superiore, ed escluderla. La realtà superiore è sempre pronta a donarsi a quella inferiore perché, essenzialmente, la include.

758 Tutto ciò che vedete, disapprovate e criticate siete voi.

759 Finché non vi riappacificate con ciò che disapprovate, non vi riappacificate con voi stessi.

760 Ogni volta che disapprovate qualcosa, prendete una parte di voi e la spingete nell'oscurità più profonda. Dovreste invece abbracciarla alla luce del sole.

761 Tenete tutto unito: voi stessi, i vostri affetti, le vostre famiglie, i vostri valori. Tenete sempre tutto unito.

762 Un'azione che separa è della Menzogna, un'azione che unisce è della Verità.

763 Più l'oscurità e il caos sono grandi e più mi riconfermo nella sola cosa che devo fare: migliorare me stesso.

764 In questo mondo, così com'è ora, la pace non è possibile, ma questa non è una buona ragione per partecipare alla guerra o addirittura fomentarla.

765 Un attimo prima di affrontare, qualcosa che ritenete difficile, potete fare un utile esercizio. In pace, senza combattere nulla e nessuno, rivolgete l'attenzione a voi stessi e percepite il meglio di voi. Richiamate tutto ciò che siete e mostrate a voi stessi la vostra vera realtà. Se vivete questa esperienza pienamente e concretamente, vi accorgerete che scompaiono la paura e il senso di inadeguatezza. È perché vi ponete davanti all'evento sapendo esattamente chi siete: qualcuno che è pronto a cogliere la possibilità.

766 Se cambiate la lettura degli eventi, in modo da vedere una possibilità in ciò che ritenevate una difficoltà, vi accorgerete che quello che prima vi spaventava, ora vi da energia.

767 Se siete centrati, più il caos aumenta, più vi rafforza.

768 Neutralità significa aprire, vedere, sentire, comprendere.

769 Neutralità è quella forma grandissima di affermazione del valore della vita che si chiama compassione.

770 La responsabilità è responsabilità della propria vita, non di altro.

771 Gli uomini hanno dei modi complicatissimi di prendersi tutte le responsabilità che non sono loro e di non prendersi le proprie.

772 Il massimo che potete fare per gli altri e per il mondo, è prendervi la responsabilità di voi stessi.

773 È importante sapere di non sapere. Il sapere che un uomo usa nello scagliarsi contro gli altri non è vero sapere, ma arroganza.

774 Ciò che sapete veramente, lo sapete perché lo siete.

775 Il sapere reale è frutto dell'esperienza: è sapere vissuto, che si è trasformato in essere.

776 Il sapere reale è riconoscimento di sé.

777 La fede non è cieca, la fede è visione chiara e profonda.

778 La fede è sempre pratica.

779 Il sentire profondo è ciò che voi essenzialmente siete e in certi momenti salta fuori.

780 Come le esperienze di ieri hanno costruito il sentire di oggi, altrettanto le esperienze di oggi costruiscono il sentire di domani.

781 L'uomo che, senza sperimentare, dice "Non è vero", mente a se stesso perché parla di ciò che non sa.

782 È intelligente negare una cosa senza averla sperimentata?

783 Non si può giudicare senza prima comprendere. Però chi ha compreso non sente più il bisogno di giudicare.

784 Pretendere di giudicare è arroganza, ma pretendere di giudicare una cosa senza averla compresa, è anche stupidità.

785 Giudicare senza aver cercato di comprendere è un'attitudine disumana.

786 L'attitudine fondamentale dell'uomo è il desiderio di comprendere. È la comprensione che caratterizza l'umanità.

787 Per cercare la Verità bisogna smettere di credere di sapere tutto o anche poco, perché poco è sempre troppo.

788 Il giudizio quando è nella mente non è una bella cosa, ma quando esce dalla bocca, è una rovina.

789 Come si riconosce l'ego? È facile, perché l'ego vuole una cosa sola: avere ragione. Tramite le ragioni dell'ego, l'uomo toglie valore a se stesso. È come se dicesse: "Se non ho ragione, non valgo niente, non esisto".

790 L'ego parla sempre di bisogni, l'anima di possibilità.

791 L'ego dice sempre devo, devi, dobbiamo, dovete, devono. L'anima dice si può.

792 L'ego si interpone come un muro fra anima e personalità e ostacola la comunicazione.

793 La voce dell'anima si riconosce dalla lingua che parla. L'anima si esprime nel linguaggio dell'essenzialità.

794 Quando togliete il giudizio incominciate a dare valore a ciò che esiste e quindi a ciò che siete.

795 Più aumenta il vostro valore, più diminuisce il vostro giudizio.

796 Non prestatevi alla complicità. Chi vi compra oggi vi venderà domani. E chi oggi vi cerca per parlare male di un altro, domani cercherà un altro per parlare male di voi. Potete esserne certi.

797 L'uomo giudica ciò che non conosce, convinto di conoscerlo benissimo.

798 La stupidità non consiste nel giudicare, ma nell'assurda pretesa di giudicare giustamente e obbiettivamente.

799 Più aumenta la comprensione, più il giudizio si dissolve.

800 Comprensione ed essere sono la stessa cosa. Chi è pienamente se stesso, comprende il mondo. Chi comprende il mondo realizza la pienezza del sé. Comprendendo il fuori, si unifica il dentro; unificando il dentro, si comprende il fuori.

801 Ci sono persone talmente impregnate di odio che, se vedessero che quell'odio è odio per se stessi, cercherebbero di liberarsene subito. Invece non lo vedono, chiamano quell'odio ragione o giustizia e, senza saperlo, si condannano da sole a vivere in un inferno.

802 L'ignoranza è più dannosa della distruttività. Infatti, il comportamento distruttivo quando capisce che sta distruggendo si ferma e cerca di modificarsi. L'ignoranza non capisce, non vede, e non si ferma.

803 L'ignoranza non è consapevole della propria distruttività. Ne è comunque responsabile e ne paga il prezzo.

804 Il pensiero ha tanto più valore quanto più è unificante. Il pensiero che separa è un pensiero di infimo valore.

805 Quando siamo nella paura, siamo intrappolati in un buco. La paura è un buco. Il buco è vuoto. La paura è fatta di niente.

806 La paura crea il limite che intrappola l'energia vitale e le impedisce di fluire.

807 Il limite è la barriera di paura che blocca il flusso dell'amore.

808 Il limite è ricchezza inutilizzata.

809 Quando siamo nell'amore, la paura svanisce, il limite scompare e la vita scorre.

810 Bisogna distinguere fra il portare una verità e il cercare una ragione. Portare una verità è dell'anima, cercare una ragione è dell'ego.

811 L'ego è molto scaltro, vuole tenervi fermi, e impedirvi di avvicinarvi alla Verità. Il suo scopo è sminuire la vita e ridurre il valore di qualunque cosa. Vuole continuamente affermare il limite e negare le possibilità. Di certo è molto scaltro, ma anche molto stupido.

812 Quando fate una scelta e imboccate una strada, giunge un momento in cui sentite che non potete più giustificarvi, perché, arrivati a quel punto, sapete.

813 La Verità è la strada maestra: una strada che non passa per la sofferenza.

814 Chi fa il furbo, non è furbo, perché pagherà tutti i conti comunque. Chi fa il furbo non può ingannare il Dio che è in lui, la propria realtà essenziale. Non può eludere le leggi della vita e non può confondere la Verità. Chi fa il furbo non può proprio farla franca.

815 L'armonia è frutto di un lavoro: un lavoro che riguarda la coscienza e la pace.

816 La coscienza di un gruppo richiede la coscienza dei singoli. La coscienza di un gruppo non può essere costruita da esseri incoscienti.

817 La coscienza di un gruppo e la coscienza di coloro che lo compongono crescono insieme.

818 La coscienza è collegata ad una diversa qualità della vita, a un senso di essenzialità, a un autentico riconoscimento di sé.

819 Maggior coscienza significa più senso di unità, meno separazione interna ed esterna, meno lotta e più riconoscimento del valore e della bellezza.

820 Per diventare più coscienti, bisogna percepire il proprio grado di coscienza e lavorare per il raggiungimento di un grado maggiore. La coscienza non si può raggiungere accidentalmente e non si può creare inconsciamente.

821 La ribellione è una modalità di vita caratterizzata dalla sofferenza. Il ribelle non sa che la sofferenza in cui vive, deriva dal suo atteggiamento di ribellione. Così, deluso dal proprio vivere, si ribella ulteriormente e soffre ancora di più.

822 Ai ribelli non funziona mai niente.

823 Un uomo è ribelle perché contiene dentro di sé tanti ribelli che non gli obbediscono quasi mai. Si ribellano più o meno spesso, ma sicuramente tutte le volte che egli cerca di seguire i suggerimenti dell'anima o cerca la verità.

824 Sottomettetevi a una disciplina, così renderete mansueti tutti i ribelli che avete dentro.

825 Per diventare uomini di pace, bisogna superare la propria ribellione.

826 La conoscenza delle leggi vi mostra come fare le cose. Il rispetto delle leggi vi permette di farle con successo.

827 Il passaggio fondamentale che porta dall'incoscienza alla coscienza di sé è la dissoluzione della propria immagine. Quell'immagine è totalmente falsa e viene dal passato. È la fonte di tutta la sofferenza, tutta la fatica, tutte le relazioni sbagliate, tutti gli errori e tutti i problemi.

828 Il cammino verso la Verità è costruito in modo che non fate in tempo a capire una cosa che subito la dovete lasciar andare.

829 Nel mondo della coscienza i limiti non è che vanno superati, non ci sono proprio. Più precisamente: non si tratta di superare il limite, si tratta di non crearlo.

830 La coscienza è la sintonia con l'assoluto, cioè con tutto ciò che la mente definisce impossibile.

831 L'impossibile è il possibile invisibile. È il possibile che la mente non ha strumenti per concepire e quindi non riesce a vedere neanche se ce l'ha sotto al naso.

832 Quando l'uomo ritiene impossibile ciò che gli serve per svolgere il suo compito, resta temporaneamente bloccato nella propria evoluzione.

833 L'amore è fare continuamente riferimento alla perfezione.

834 Per fare continuamente riferimento alla perfezione occorre un pensiero preciso e un funzionamento impeccabile della propria struttura.

835 Se cercate sinceramente, non potete porre limiti a ciò che troverete. Chi lo fa non cerca veramente. Così troverà solo ciò che già conosce: il proprio passato.

836 Se volete evolvere dovete lasciar andare il passato altrimenti vi risucchia e vi riporta indietro. Vi riporta dentro il limite che state cercando di superare. Il passato ha un potere immenso.

837 Quando avete il coraggio di allargare il vostro mondo, lì incomincia la magia, incomincia la bellezza. Allargare il proprio mondo richiede di spogliarsi.

838 Il passato non esiste più, a meno che voi non lo riportiate in vita. Se gli date vita, egli si ripresenta davanti a voi.

839 Nel passato non ci sono risposte né possibilità, ci sono solo impossibilità.

840 Il maestro non c'è per darvi la gratificazione o per realizzare la vostra aspettativa. Esse non hanno valore e sono la vostra prigione. Egli non può aiutarvi a costruire la vostra prigione.

841 Voler cambiare significa voler diventare altro dal vostro passato. Per farlo dovete lasciar andare l'immagine che avete di voi stessi perché solo così si apre un mondo di possibilità.

842 Il mondo ha una dimensione psichica che lo rende un grande contenitore energetico, vibrazionale. Riceve tutto quello che ci mettete dentro sotto forma di pensieri, emozioni, sensazioni e lo ributta fuori sotto forma di realtà.

843 Volere la pace significa non essere contro niente e nessuno, ma essere sempre, costantemente e semplicemente per la vita.

844 Diventiamo cercatori della Verità quando comprendiamo che la nostra vita non è quel poco che credevamo. La nostra vita ha un grande valore e quel valore è tutto da scoprire.

845 Il nemico è nemico solo nella vostra mente. Amatelo e diventerà vostro amico. Allora la guerra cesserà. Se continuerete a considerarlo nemico, anche la guerra dovrà continuare.

846   Nella guerra può esserci una tregua, ma non bisogna farsi ingannare: la tregua non è la pace. È la guerra dentro di noi che crea la guerra fuori, dopodiché la guerra porta sempre altra guerra. L'unico potere che abbiamo nei confronti della guerra è smettere di combatterla e non crearla mai più dentro di noi.

847   Se scatenate la guerra, sarete costretti a combattere.

848   Se combattete, dovrete combattere ancora.

849   Combattete il tiranno e lo uccidete, convinti di liberarvene. Poi vi guardate allo specchio e vi accorgete che ora il tiranno siete voi. Da quel momento dovrete combattere quelli che vogliono uccidere il tiranno. Se uscite per un attimo fuori dal tempo, comprendete che voi siete il tiranno e voi siete coloro che lo vogliono uccidere.

850   La guerra è sempre contro se stessi.

851   La guerra riproduce sempre se stessa, è nella sua natura. Cambiano gli schieramenti, cambiano i contendenti, ma la guerra resta.

852   La guerra esteriore nasce dalla guerra interiore.

853   La guerra interiore non può cessare se non se ne comprende la natura.

854   La guerra nasce dall'idea di possedere la Verità e di doverla difendere. Quando capite che non possedete la Verità, la guerra è finita perché non avete più niente da difendere.

855   L'amore è universale, ma la mente ci mette sopra tante etichette. Così esiste l'amore per l'arte, per il prossimo, per i figli... etc. L'amore è l'energia della vita e le etichette non riguardano la natura di questa energia ma solo il modo in cui si esplica e il contesto a cui si applica.

856 Punto fondamentale: il movimento nasce da un dislivello di energia potenziale, l'apprendimento da un dislivello dell'essere.

857 Serve sempre un maestro per imparare, non si impara niente da soli. È il dislivello dell'essere che fa fluire l'insegnamento da colui che lo impartisce a colui che lo riceve.

858 La cosa più grande che un uomo può fare è occupare degnamente il suo posto.

859 Occupare in maniera impeccabile il proprio posto nella vita, significa viverla in maniera piena e felice.

860 Per conoscere se stessi bisogna guardarsi dentro. Se uno non lo fa e guarda solo fuori, che cosa vede? Vede uno specchio che gli mostra ciò che lui è. La vita, quindi, stimola sempre la conoscenza di se stessi.

861 Lo specchio vi mostra quello che c'è da imparare. Se non lo imparate, dovrete specchiarvi ancora a lungo.

862 Il giudizio non è un atto immorale, una malvagità, un peccato o una colpa. Il giudizio è cecità e tempo perso.

863 Il giudizio è l'incapacità di vedere un aspetto della vita. Togliete il giudizio per permettere alla vita di offrirvi il suo dono.

864 Il giudizio quando cristallizza chiude il vostro mondo. Lo potete però sempre riaprire, perché tutto il mondo vi mostra la fallacità di quel giudizio.

865 La vittima attira il tiranno, il tiranno attira la vittima.

866 Quando più vittime si alleano nella complicità formano una grande vittima. Una grande vittima attira un grande tiranno.

867 Le vittime sono indirettamente tiranni di se stessi: più si alleano fra loro, più le prendono. Più le prendono e più sprofondano nel vittimismo.

868 L'alleanza delle vittime è una lotta al massacro.

869 Non ragionate come vittime, non vi serve a niente. Ciò che serve è incominciare a pensare come persone responsabili.

870 La liberazione dal vittimismo inizia con l'assunzione di una responsabilità.

871 La chiave di una vita positiva è la responsabilità.

872 La Responsabilità nasce quando comprendiamo che non siamo separati.

873 Il Padre è la fonte della vita e manda ciò che serve.

874 L'ego si può costruire anche su cose belle ed elevate, non solo sul negativo. L'ego è la pretesa di sapere che cosa è giusto e che cosa è sbagliato. È la pretesa di sapere più di Dio che ha creato anche ciò che noi giudichiamo sbagliato.

875 L'ego è chiusura.

876 Potete imparare a mettervi nell'ascolto profondo di colui che avete davanti. Se però non siete capaci di ascoltare profondamente voi stessi è impossibile che possiate farlo con lui.

877 Quanto più il contatto con se stessi è profondo, altrettanto può esserlo con gli altri.

878 Cercate di vedere quante volte siete inconcludenti. Perché siete inconcludenti? Perché non avete chiarezza. La chiarezza è un aspetto importante dell'essere umano, senza chiarezza non si può fare niente. La chiarezza è il contatto con l'anima, è il sentire distintamente la sua voce.

879 La chiarezza è una conseguenza del ritornare bambini, del ristabilire la semplicità del contatto con la nostra natura divina.

880 La chiarezza è correlata con la pulizia. La chiarezza si manifesta quando è stato tolto tutto ciò che non serve. Tolti gli ostacoli e creato spazio, la luce raggiunge e illumina l'ambiente che risplende a sua volta. Non c'è chiarezza senza luce.

881 L'uomo è irrequieto e inconcludente quando ha l'oscurità dentro.

882 L'oscurità interiore proviene da un vivere pieno di pensieri irreali o distruttivi, di emozioni negative, di azioni inanimate. Ci si arriva a forza di aggiungere sempre, di iniziare senza portare a termine, di funzionare in modo inconsapevole e approssimativo, di inseguire continuamente il piacere per non sentire la paura. Ci si arriva tramite una fuga dalla realtà e da se stessi che conduce in un luogo a fatica raggiunto dalla luce e che giace nella semioscurità.

883 La luce è coscienza di sé e presenza. È anche chiarezza, calma e pace.

884 L'oscurità è mancanza di luce.

885 L'oscurità è assenza e mancanza di consapevolezza. È anche confusione, irrequietezza e guerra.

886 La pazienza è velocità. È proprio della pazienza compiere il percorso più breve, grazie ad atti precisi, calibrati ed equilibrati.

887 La pazienza mantiene facilmente la direzione perché è in armonia con l'ambiente circostante. Infatti, l'ambiente non viene disturbato da azioni pazienti che si muovono nell'equilibrio, e non reagisce ad esse creando ostacoli.

888 L'impazienza è lentezza e inconcludenza. Nel tentativo di accelerare o saltare passaggi necessari, complica tutto, e fa sì che ciò che non è stato fatto esattamente e nel tempo giusto, debba essere ripreso.

889 L'impazienza è costretta sempre a cambiare direzione perché è in disarmonia con l'ambiente circostante. Infatti, l'impazienza è uno squilibrio che si esprime come eccesso di forza. L'ambiente ne viene colpito e reagisce. Ogni reazione rappresenta un ostacolo che, per essere evitato, richiede un cambiamento di direzione.

890 Le molte parole nascono dalla confusione.

891 C'è chi aspira alla chiarezza, ma poi invece di togliere continua ad aggiungere. C'è chi vuole la verità, ma mente a se stesso. C'è chi vuole l'amore, ma cerca solo di prendere. C'è chi vuole la libertà, ma si imprigiona dentro i piccoli schemi del bisogno, della paura e della sopravvivenza. Ognuno dovrebbe chiedersi: *Che cosa sto facendo e dove mi conduce il mio fare?*

892 *Che cosa sto facendo e dove mi conduce il mio fare?* Talvolta la risposta è semplice: *Verso la miseria!*

893 La cosa per noi più importante, che viene al primo posto e che amiamo sopra ogni altra, diventa la nostra guida. È la guida che ci conduce fuori dalla miseria e ci porta nella ricchezza della nostra integrità.

894 La cosa più importante è una sola, non ci possono essere due cose più importanti. Non è che le altre non contino, ma è lei che detta le regole del gioco e assegna il valore. Grazie a lei anche le cose meno importanti assumono valore, senza di lei ogni cosa scompare, inclusi noi stessi.

895 L'integrità è ricchezza, perché dove c'è l'integrità, c'è la libertà. Dove c'è la libertà, c'è l'amore. Dove c'è l'amore, c'è la verità. Dove c'è la verità, c'è la risposta alle domande su chi sono, dove vado e perché.

896 Ogni volta che vi dimenticate di ciò che amate, vi tradite. Non tradite un altro, tradite voi stessi. Fede significa fedeltà. È la capacità di rimanere fedeli al valore che si ama più di ogni cosa. Fede vuol dire rimanere fedeli all'essenza di se stessi.

897 Ci sono uomini che temono l'autorità. Anche quando è rappresentata da una persona mite e amorevole che li spinge soltanto ad amare se stessi, continuano ad averne paura.

898 Ognuno viene al mondo con ciò che serve per fare ciò che ha scelto.

899 La vita è costruita in modo da ricordarci il compito che abbiamo scelto e da permetterci di manifestarlo.

900 Chi si rifiuta di vedere non vedrà. Il rifiuto di vedere nasce dal rifiuto inconscio di adempiere il proprio compito.

901 Conoscere bene il nostro compito inizia col benedire tutto ciò che abbiamo ricevuto. Incomincia col riconoscere il valore di ciò che c'è.

902 Due vie: riconoscere il compito che abbiamo scelto e sottometterci ad esso oppure non riconoscerlo e ribellarci per fare ciò che ci piace. La prima è la via della responsabilità che porta alla libertà e alla gioia, la seconda è la via del piacere che porta alla schiavitù e alla sofferenza.

903 La via della gioia include il piacere. La via del piacere esclude la gioia e distrugge il piacere stesso.

904 La fedeltà a se stessi non ha nulla a che fare con l'ego. L'ego è incapace di fedeltà, come è incapace di volontà, di costanza, di sforzo e di creatività. L'ego è solo capace di pretese, di lamento, di maldicenza e di accusa.

905 La fedeltà a se stessi è fedeltà ad un valore riconosciuto spontaneamente. Quel valore è un aspetto di Dio. Per questo la fedeltà a se stessi conduce alla fede in Dio.

906 La fedeltà a se stessi è il cammino sicuro verso la divinità.

907 *"Non so"* è il presupposto di ogni ricerca sincera.

908 La capacità di sentire la Verità è ridotta praticamente a nulla quando tutta la struttura dell'uomo è impregnata di falsi valori.

909 Le menzogne sono ciò che permettono all'uomo di vivere una vita tranquilla, di fare le cose che gli piacciono, e di evitare quelle che gli danno fastidio.

910   La menzogna non è falsa, è automatica. La mediazione è l'inizio dell'uscita dall'automatismo.

911   Un essere intelligente prende tutte le sue ragioni e le butta nel cestino. E così, finalmente, è libero. Finalmente può godersi un po' la vita.

912   Quando siamo cristallizzati nelle nostre certezze, gli altri smettono di esistere, perché continuiamo a rapportarci con l'immagine che abbiamo di loro, e così, non li incontriamo più veramente. Infatti, se cambiano, non ce ne accorgiamo.

913   Se smettono di esistere gli altri, smettiamo di esistere anche noi, perché gli altri sono i messaggi che Dio ci manda per rinnovare la vita ogni giorno.

914   L'uomo non conosce la Verità, perché per incominciare a conoscerla, deve prima riconoscerla un po' in se stesso.

915   Per riconoscere la Verità in se stessi bisogna incominciare ad essere sinceri con se stessi.

916   Essere sincere con se stessi richiede la scelta consapevole di *voler vedere*.

917   Bisogna intravvedere la Verità e incamminarsi verso di essa per vederla meglio. È un cammino di purificazione. Purificazione significa scegliere tutto ciò che è utile al cammino, e lasciar fuori il resto. Purificazione è, al tempo stesso, apertura e selezione.

918   Selezione non significa esclusione. Selezionare significa creare una scala di valori e dedicarsi maggiormente a ciò che ha più valore. È perché il valore di ciò che sta più in alto nella scala include il valore di ciò che sta più in basso.

919 Auto-osservazione significa osservare se stessi senza giudizio. È un avvicinarsi a se stessi in un territorio di neutralità.

920 *Non posso* non è mai un'espressione di libertà. Bisogna essere capaci di compiere una cosa e il suo contrario per poter scegliere l'una o l'altra. Chi è incapace di essere infedele non sarà neppure veramente fedele perché la sua sarà una fedeltà senza valore, una fedeltà non scelta, ma obbligata.

921 La paura opera nella negazione, perché toglie tutto ciò che ha maggior valore e si riduce a vivere in un mondo senza valore. Così, impoverendo la vita, costruisce l'inferno.

922 L'amore opera nell'affermazione, perché toglie ciò che ha minor valore e lo sostituisce con ciò che ha un valore maggiore. Così, arricchendo la vita, costruisce il paradiso.

923 La prigione dell'uomo è fatta di tutte le negazioni che egli esercita in nome di ciò che gli piace o non gli piace.

924 La menzogna dell'uomo consiste nel volere la libertà e coltivare e difendere ciò che lo imprigiona.

925 Accettare significa semplificare.

926 Il rifiuto complica tutto.

927 La semplicità è l'organizzazione della complessità.

928 La nostra rigidità crea le rigide sbarre della nostra prigione.

929 Il potere di obbedire è il potere di comandare. Se non ti sottometti alla tua volontà, la tua struttura non ti obbedirà.

930   Perché una qualunque cosa si manifesti nella nostra vita, dobbiamo prima concepirla dentro di noi. Senza un contatto profondo con noi stessi non incomincerà mai nulla.

931   L'essere di ogni uomo presenta una qualche pecca che gli fa vedere il mondo in modo deformato. Molte tradizioni usano la parola peccato, ma *pecca* è una parola migliore. *Pecca* significa piccola imperfezione.

932   Ridere di se stessi è l'inizio del lasciare andare.

933   Niente è come sembra ed è sbagliato investire tutto sulle apparenze.

934   La vita è viva ed è qui che si offre a noi.

935   La vita ci corteggia continuamente.

936   Il ricordo di sé è importante perché affievolisce il senso della mancanza e distrugge la dipendenza.

937   Cos'è la coppia? La coppia è la condivisione di un'esistenza. Non può avvenire senza basi.

938   Coppia non vuol dire copia. La coppia è l'incontro di due diversità e non la trasformazione dell'altro nella copia di se stesso.

939   Parlare delle ingiustizie è l'occupazione preferita delle vittime.

940   L'egoista pensa: a me non importa di nulla, io penso solo a me stesso. Non sa che questo pensiero è l'origine della sua miseria.

941 La chiarezza è la conseguenza di una vibrazione elevata.

942 Se tu ami una cosa, ringrazi per aver avuto il privilegio di poterla fare.

943 L'amore, quando non si esprime, è perché ci sono delle parti che resistono, sono le paure.

944 L'amore è la cosa che accade quando doni, soprattutto se non avevi intenzione di farlo.

945 Non si può condividere qualcosa di importante senza trasformarsi.

946 Chi vuol condividere, ma rifiuta il cambiamento, non condivide nulla.

947 L'apertura è frutto di un valore che hai seminato e coltivato e che sta crescendo dentro di te.

948 Tu hai tanto valore quanto servi, se servi sei utile. Se non servi non hai nessun valore, non sei utile a niente e a nessuno.

949 È superficialità il nutrirsi di parole o di immagini.

950 La superficialità, siccome non ha profondità, si appaga della quantità delle cose.

951 Quando giudichi distruggi ciò che stai osservando.

952 Mai trasformare la vita in sopravvivenza, ma sempre la sopravvivenza in vita.

953 Le certezze sono la nostra zavorra. Lasciandole andare ci alleggeriamo e incominciamo a salire. Chi si illude di salire conservando le sue certezze inganna se stesso.

954 L'ego si atteggia sempre a maestro.

955 La costanza è amore per se stessi.

956 Sopravvivenza: attesa passiva della morte.

957 La guerra mostra l'importanza della pace.

958 La sola utilità della guerra è quella di ispirare un desiderio di pace.

959 La lotta c'è per essere superata.

960 Occorre essere costantemente impegnati nella costruzione del senso.

961 Noi siamo parte della Vita. Apparteniamo ad essa e siamo inseriti in quell'incessante flusso di energia che si chiama Amore. Quando però coltiviamo la paura, si genera in noi il limite e così ce ne estraniamo. Usciti dal flusso dell'amore, blocchiamo il rinnovamento e entriamo nella stagnazione. Da lì inizia la consumazione che conduce alla morte. È però sempre possibile convertirsi e tornare alla vita: basta sgretolare il proprio rifiuto e arrendersi. *Arrendersi = rendere se stessi alla vita.*

962 Per salire bisogna scendere.

963 Il dolore fa parte della vita, dura un tempo poi finisce.

964 Il dolore finisce allorché viene accettato e compreso.

965 La sofferenza è il prolungamento innaturale del dolore che si produce rifiutandolo. La sofferenza è dolore non accettato.

966 La sofferenza nasce dall'incapacità di dare un senso al dolore.

967 Il dolore è della vita, la sofferenza è della mente.

968 Il dolore di uno schiaffo dura un attimo, la sofferenza per uno schiaffo ricevuto può durare decenni.

969 Il dolore, per l'alternanza propria della vita, viene sempre seguito dalla gioia.

970 La sofferenza può durare in eterno e trasformarsi in un inferno.

971 L'inferno non è una realtà fisica, è uno stato della mente. Se un uomo decide di suicidarsi, non va all'inferno. C'è già perché è la sua mente che è un inferno.

972 La follia dell'identificazione: l'unica cosa che so la faccio diventare il Tutto. Identificazione significa immensa stanchezza. È la fatica di non essere se stessi, di tenere in piedi un'illusione al posto della realtà.

973 La liberazione dal potere dell'identificazione, e da ogni sofferenza, consiste nel riconoscere la propria nullità. Allora l'ego viene superato e nasce l'osservatore.

974 L'osservatore trae vantaggio da tutto. Per questo non crea aspettative.

975 L'osservatore, non creando aspettative, non va incontro alla delusione e si pone al di sopra della frustrazione e della sofferenza.

976 È fondamentale riconoscere chi siete e che cosa avete. L'osservatore che è in voi lo sa fare, bisogna solo rimetterlo in funzione.

977 Non perdete la vita nel lamento, nella mancanza e nel vittimismo. Sono cose con cui non si può fare nulla, a parte distruggere. Dedicatevi ai vostri talenti: riconosceteli ed esprimeteli.

978 I talenti sono semi. Il seme contiene già la pianta, con tutte le sue caratteristiche. Il seme è la pianta in potenza, la pianta è la manifestazione del seme. Tutta la vita è fatta di potenziali che si manifestano come realtà, di semi che diventano piante e alberi.

979 I semi vengono da piante che hanno vissuto prima e producono piante che vivranno poi. Da queste ultime verranno altri semi che produrranno altre piante che produrranno altri semi… questa è la ricchezza della vita.

980 La ricchezza della vita consiste nella riproduzione. È importante vedere chi siete, qual è il vostro seme e farlo fruttificare. Se lo fate, alla ricchezza si aggiungerà la gioia.

981 Fruttificare significa che dal seme cresce la pianta e dalla pianta si ottengono i frutti. Da ogni frutto, poi, si ottengono altri semi. La pianta ricca di frutti, è il modo che un seme utilizza per produrre altri semi. I frutti sono l'involucro protettivo dei semi, ma allorché essi hanno adempiuto la loro funzione, servono ad un altro scopo. Possono diventare cibo per altre specie o concime per la terra.

982 La natura è ricca perché non butta via niente e mette a frutto ogni cosa.

983 Il Brutto Anatroccolo, era uno splendido cigno, ma visto come anatroccolo era un anatroccolo brutto. Tutti siamo brutti secondo parametri di esistenza che non ci appartengono, tutti siamo bellissimi secondo i parametri della nostra essenza.

984 Guardarci con gli occhi degli altri significa condannarci alla bruttezza.

985 Non riconosce i propri talenti chi si guarda con gli occhi degli altri e si giudica secondo idee che altri gli hanno inculcato. Non è eccessivo chiamare ciò "tradimento di se stessi".

986 Passare dal "tradimento di sé" alla "fedeltà a se stessi" richiede di trovare un valore da amare. Dopodiché si tratta di coltivarlo, riferire tutto ad esso e perseverare nell'amore.

987 Tradite voi stessi perché vi prostituite. Vi prostituite per un po' di piacere, un po' di affetto, un po' di considerazione. Il maligno, quando vede questo, si frega le mani, dopodiché prende la penna e scrive il vostro nome nella lista dei suoi.

988 L'espressione di un talento è la manifestazione di un nuovo equilibrio raggiunto.

989 Tutto è già stato inventato, tutto è già stato creato. La bellezza e la ricchezza della vita già esistono, non dobbiamo crearle noi. Noi dobbiamo solo godercele.

990 Una persona che ha un sentire esatto non può essere posseduta.

991 I grandi uomini non si lasciano fermare dalla paura. Non si fermano neppure davanti alla paura della morte, perché vivono in una dimensione di verità. La Verità ha un potere immenso, compreso quello di trasformare la paura in amore.

992 Quando negate, non riconoscete chi siete.

993 L'uomo riconosce Dio quando dice sì a tutto ciò che esiste.

994 La verità unisce, la menzogna divide: internamente ed anche esternamente.

995 Addestratevi ad avere torto se volete essere liberi.

996 A quale delle possibilità sto dando energia? Quale realtà sto creando e facendo vivere?

997 Se vivi il rifiuto, il rifiuto è tuo. È tuo perché lo hai scelto e gli hai dato vita.

998 La negazione e il rifiuto sono espressioni della paura.

999 Ricordati chi sei. Nessuno ti rifiuta.

1000 Relazione di coppia: grande scuola per incominciare a imparare la lezione dell'unità nella diversità.

1001 Una coppia che funziona: due ritmi che formano un unico ritmo, due strumenti che suonano melodie diverse all'interno della stessa musica.

1002 Bisogna svuotare la mente per concepire realmente il nuovo.

1003 Prima chiudere, poi organizzare e fare spazio. Per ultimo aprire per accogliere il nuovo nello spazio creato.

1004 Coltivando l'attitudine mentale a creare collegamenti, costruiamo una rete che permette di pescare conoscenza e trasformarla in comprensione. Ricchezza interiore e capacità di leggere gli eventi della vita sono le dirette conseguenze.

1005 Dio non sceglie per un compito chi è bravo o intelligente, ma chi alza la mano.

1006 Perché non farlo? Chi lo può fare? Guardati intorno e osserva bene chi può farlo: *sei tu*.

1007 La visione nasce dall'integrità e dalla pace.

1008 È importante produrre una visione verticale, che guarda verso l'alto. Così vediamo il mondo sopra di noi.

1009 Capire che esiste una direzione verticale ci permette di concepire la nostra evoluzione.

1010 Siamo noi che dobbiamo decidere che cosa vogliamo essere.

1011 Mettere a frutto la vita significa imparare ad esserci.

1012 Tutte le dipendenze sono la medesima dipendenza: credere che fuori di noi ci sia qualcosa che possa salvarci.

1013 Libertà e Responsabilità sono due facce della stessa medaglia.

1014 Comprendere mi permette di ridefinirmi e quindi di rinascere.

1015 Non hai nessun problema: tu sei il problema! È una buona notizia: se tu sei il problema, tu sei la soluzione.

1016 Non puoi riempire la mancanza, perché sei tu che continuamente la crei.

1017 La mancanza non può essere riempita da cose o persone, può solo non essere generata.

1018 Non generi la mancanza se dimori nel tuo valore.

1019 Il tuo valore è un luogo dentro di te: se lo abbandoni, nasce il dramma della mancanza.

1020 Il tuo valore è un luogo fuori di te: è il luogo ove sei. Se non ti ci collochi realmente e responsabilmente, nascono la menzogna e l'idea dell'ingiustizia.

1021 Il luogo dentro di me è il centro della sfera che io sono. Il luogo fuori dei me è il centro della sfera in cui io vivo. La prima sfera è dentro la seconda. Se le due sfere sono concentriche, i loro centri coincidono e il luogo interno e quello esterno sono lo stesso luogo. Solo allora vivo la Vera Vita.

1022 Ascolto: per ascoltare veramente devi mettere da parte, per un tempo, tutto quello che sai.

1023 Ricettività: per ricevere veramente devi essere capace di rapportarti col nuovo e con lo sconosciuto.

1024 Apprendimento: per apprendere veramente devi essere capace di ascolto e ricettività, ma soprattutto devi funzionare secondo la modalità dell'amore, e non della paura.

1025 L'apprendimento comporta ricettività e coraggio.

1026 La ricettività consente di staccare la spina al dramma, e al passato.

1027 Senza il fare non c'è vero cambiamento. Il pensiero inizia, il sentire amplia, il fare realizza.

1028 Realizzare: trasformare un'idea in una cosa, renderla reale, portarla nella realtà. *Realizzare* viene da *reale* che, a sua volta, viene dal latino *res* che vuol dire cosa.

1029 Il nostro cambiamento inizia nel pensiero, si espande nell'emozione e si compie nel fare. Appena avvenuto può, però, ancora essere perduto. Quando i frutti del cambiamento si ridistribuiscono agli altri, diventando semi per il loro cambiamento, che fruttificano a loro volta, allora il nostro cambiamento è consolidato ed è nata una nuova realtà.

1030 Creatività significa: il nuovo che entra nel mondo. Tutto già esiste nel mondo delle idee o potenzialità e può manifestarsi nel mondo fisico grazie alla coscienza che muove l'energia e la incapsula nella forma.

1031 Il nuovo è come un punto (idea) che diventa un cerchio (emozione) che diventa una sfera (azione). La sfera, messa in movimento, diventa vita.

1032 Le scelte che compio dicono chi sono.

1033 Contraddire: dire contro, parlare mettendo una cosa contro l'altra. È la guerra delle parole.

1034 La parola amore. In latino *mos-moris* significa costume, consuetudine. *A-more* vuole allora dire senza consuetudine, senza abitudine, senza regola, sempre nuovo. In italiano *mora* significa indugio. Ecco allora che *a-more* arriva a significare senza indugi. Mettendo insieme le due cose possiamo concludere che *amore significa senza regola e senza indugio*. L'amore è un sì detto alla vita istantaneamente e qualunque siano le circostanze. L'amore è esserci con prontezza, l'amore è libertà, l'amore è ricchezza. L'amore è qui e non altrove, l'amore è ora e non prima o dopo.

1035 Nel superamento della dualità c'è la chiave della lettura profonda delle esperienze.

1036 La comprensione è la sintesi e il superamento degli opposti. La saggezza è il saper vivere gli opposti nell'equilibrio. Il saggio non combatte e non si attacca a nessuno dei due.

1037 Rimanere attaccati al passato significa non raccoglierne i frutti.

1038 Se la tua caratteristica è la forza, impara la sensibilità. Se la tua caratteristica è la sensibilità, impara la forza.

1039 Uno scopo dà un orientamento alle mie sub-personalità e mi rende capace di selezionare. Accolgo ciò che è utile allo scopo e tralascio ciò che non lo è.

1040 In ogni cosa che funziona riconosco un'intelligenza.

1041 Che cos'è un atomo di vita dell'essere umano? È spazio, tempo, energia, coscienza.

1042 Il cammino che porta in profondità cambia il modo di vedere la realtà: include quello che è in superficie e pone fine alla paura.

1043 La scelta appartiene a qualcosa di profondo in noi.

1044 Se smetto di alimentare chi mi sostiene, mi ammalo. Se smetto di sostenere chi mi alimenta, muoio di fame.

1045 La crescita dell'essere è come il movimento di una mongolfiera . Per salire devo togliere zavorra. Più salgo, più sono le cose che vedo. Il panorama aumenta, l'orizzonte si allarga.

1046 Tutto ciò che percepisco come separato da me, mi appartiene. Nel luogo in cui sono, però, non riesco a rendermene conto. Se salgo nella scala dell'essere, vedo i suoi legami con le altre cose, e i legami di quelle cose con me stesso. Allora ne prendo coscienza, e posso riconoscerlo parte di me.

1047 Coltivare l'essere significa abbracciare la vita. Evolversi è amarla sempre di più.

1048 Togliere è il viaggio verso l'anima.

1049 Chi dona se stesso, in quell'attimo sa chi è. È l'attimo in cui esce dall'ambiguità del mercanteggiare e scopre la bellezza del vivere.

1050 Una nuova libertà viene sempre dallo sconosciuto e mai dal passato. La verità che ci renderà liberi è lo sconosciuto.

1051 Quando sono disposto ad accogliere lo sconosciuto, devo ridefinire me stesso e ampliare il mio piccolo mondo per poterlo ospitare.

1052 La scelta migliore è sempre quella che mette la verità al primo posto.

1053 Servono una lunga preparazione e molta disciplina per esprimere le parti migliori di noi e vivere una vita straordinaria. Si può però benissimo vivere in modo ordinario senza far fatica.

1054 Siamo orfani solo di noi stessi

1055 Ricchezza è la capacità di fare ciò che serve quando serve.

1056 Sottomettersi volontariamente ad una autorità esterna serve a creare l'autorità interna.

1057 La felicità è sapere chi siamo e poi esserlo.

1058 Perverso è ciò che ha perso il verso. Universo significa *che ha un verso* nel senso *che è rivolto verso l'Uno*. La vita si evolve e tende verso l'Unità. È perverso tutto ciò che è contro la vita e si muove verso una direzione di disgregazione, di involuzione e di allontanamento dall'Uno.

1059 Per leggere la vita bisogna osservarla, ma prima conviene verificare che non siano rimaste delle travi negli occhi.

1060 Risvegliarsi è il più importante dei sogni che si fanno nel sonno.

1061 L'ego, o falsa personalità, non fa nulla, perché è incapace di sforzi. Invece pontifica, sale in cattedra, nega, obbietta ed è terrorizzato dalla morte. La teme perché non sa cosa sia la vita, visto che non ha mai vissuto.

1062 Il disappunto è una crisi acuta.

1063 Ogni porta ha la sua chiave.

1064 Ritiro le energie dai conflitti, le riporto a me e le utilizzo per costruire ciò che amo.

1065 Quando mi invitano a partecipare a una guerra, anche se vestita degli ideali più sublimi, rispondo: *Non mi interessa.*

1066 La mente duale quando crede in una cosa, immediatamente e automaticamente, combatte il suo opposto. La mente saggia invece non crede e non combatte, ma sperimenta e vive in pace.

1067 *Essere* significa collocarsi al di sopra delle forme. Significa superare gli opposti e non essere posseduti né da una cosa né dal suo contrario. Gli opposti, infatti, sono forme effimere.

1068 Se l'amore finisce è perché non è mai cominciato.

1069 Non posso accorgermi di me se il dramma riempie la mia vita.

1070 Chi uccide il capro espiatorio non viene mai incolpato. Infatti, tutti sono suoi complici perché tutti lo volevano uccidere.

1071 Un uomo creativo, costruttivo e vitale, ha sempre parole di benedizione.

1072 La mente si occupa di problemi, non ha altro da fare. Se non ce ne sono, si annoia e li crea.

1073 La verità rende inutile ciò che prima era indispensabile.

1074   Il positivo cresce quando viene affermato. Il negativo cresce quando viene affermato e quando viene negato.

1075   La competizione esiste solo tra gli uguali. Il saggio è superiore agli altri e quindi non compete.

1076   *Aspettativa* significa guardare al futuro con gli occhi del passato.

1077   La pace è un luogo interiore che non è da creare, è solo da coltivare: esiste da sempre.

1078   La pace nasce dal riconoscimento del valore.

1079   Ciò che metto nella mente è la mia filosofia, ma se quella filosofia la metto nella vita, essa diventa la mia verità.

1080   Ottieni sempre ciò che sei. Se vuoi altro, devi diventare altro.

1081   Tu non sei il buco nel quale sei caduto. Puoi uscirne e puoi non caderci più.

1082   La vita è un flusso di perenne cambiamento.

1083   Il cambiamento profondo avviene quando cominciate a benedire ciò che prima maledicevate.

1084   Ciò che è normale in un mondo grande, viene considerato un miracolo nel mondo più piccolo.

1085   Un fare piccolo apre la porta a un fare grande.

1086   Dopo che il frutto della trasformazione è maturato dentro di voi, nasce un altro frutto che è il desiderio di condividere.

1087   Per l'ego le leggi della vita sono un sopruso.

1088   Una via per cominciare a assottigliare il proprio ego consiste nel condividere uno scopo con altri e, in nome di questo scopo, giorno dopo giorno, sacrificare le proprie ragioni.

1089   Bisogna spostarsi dall'Io al Noi perché l'io non è il nostro futuro. L'ego non ha futuro perché è fatto di passato.

1090   Quando togli valore a qualcuno o a qualcosa, in quello stesso istante, togli valore a te stesso.

1091   Quando l'uomo non lascia andare la sofferenza, vive in uno stato di bisogno che blocca il raggiungimento degli obiettivi.

1092   La parte di sapere che eccede l'essere è inutile e dannosa: non semplifica, ma complica.

1093   Il presupposto dell'amore è l'accettazione.

1094   Le nostre convinzioni sono le mura della nostra prigione.

1095   Bisogna slegarsi dalle convinzioni per incominciare ad essere liberi.

1096   Le cose che più rifiutiamo sono quelle che più ci bloccano.

1097   La negazione contiene sempre la paura.

1098   L'amore e la paura non possono esserci insieme: o c'è l'uno o c'è l'altra.

1099 La scelta è sempre un atto di verità: la fuga un atto di falsità.

1100 Per superare un limite si deve togliere l'accusa su cui si regge.

1101 La cosa giusta, quasi sempre, non è la più facile.

1102 Non essere nella verità di se stessi vuol dire farsi male.

1103 Essere svegli, e rispettare le leggi della vita, porta al benessere. Dormire, e illudersi di eluderle, porta al dolore.

1104 Dio sboccia nella personalità dell'uomo presente.

1105 L'ordine interno si crea, attimo per attimo, ricordando di esserci e accettando riconoscenti ciò che c'è.

1106 Occorre presenza per tener fede a qualsiasi proposito.

1107 Nell'assenza l'energia fuoriesce come da un colabrodo e si disperde; nella presenza si conserva e si accresce.

1108 Una persona umile non deve dimostrare niente, e così non si lascia imbrogliare da nulla e da nessuno.

1109 L'emozione al servizio della paura diventa emotività.

1110 Guardate in faccia la paura se volete dissolverla. La paura è fatta di niente: al di là c'è l'amore.

1111 Ho imparato tanto quanto sono riuscito a guardare dentro la mia paura.

1112   L'ascolto vero è possibile solo in una condizione di pace.

1113   Accettiamo che le cose cambino! L'immutabilità non è vita, al massimo è sopravvivenza.

1114   Se sai ubbidire sai comandare.

1115   Frase seduttiva del Maligno: non è giusto!

1116   Ricevi solo ciò che dai.

1117   Noi include io … Io esclude noi.

1118   Appena ti metti al servizio, tutte le voci interne tacciono.

1119   La perseveranza è più importante dell'amore. Infatti, l'amore, se non persevera, non si rinnova e non cresce, dopodiché muore lentamente.

1120   Mantenere il contatto con la Fonte permette di non perdere quello che si è acquisito.

1121   La padronanza di te stesso fa sì che quando parli vieni creduto.

1122   Le idee si trasformano in convinzioni a causa della paura.

1123   Finché servi due padroni non saprai mai chi sei.

1124   Accettare, comprendere, concepire: è il processo creativo.

1125   Pensare in termini di possibilità e non di problemi.

1126   La felicità è uno stato interno permanente, che non muta di fronte a qualsiasi accadimento.

1127   Ogni uomo è grande per i suoi talenti: amiamolo per quelli e accettiamo i suoi limiti.

1128   Riconoscere il valore richiede di superare le apparenze.

1129   La libertà viene dal togliere.

1130   Di meno, fuori, è di più, dentro.

1131   Se dimentichiamo di essere registi della nostra vita, ne saremo solo spettatori o, al massimo, attori.

1132   L'incontro richiede attenzione e presenza. Lo scontro avviene automaticamente.

1133   Essere nell'amore è vita. Essere nella paura è già morte.

1134   Dobbiamo avere una direzione e metterla al primo posto.

1135   Ricchezza inesauribile è la capacità di fare ciò che serve.

1136   Quello che più rifiutate è quello di cui avete più bisogno.

1137   Meditando si va in profondità; imparando a memoria si consolida e si collega.

1138   La gioia e la pace sono funzioni della nostra integrità.

1139   Non dobbiamo agire per ottenere un riconoscimento, ma per fare funzionare le cose.

1140   Il bisogno è l'opposto dello scopo.

1141   Per avere una cosa domani bisogna togliere qualcosa oggi.

1142   Togliere ciò che ha meno valore per far posto a ciò che ne ha di più.

1143   Chi teme l'autorità, o subisce o scappa. Chi non la teme, non scappa e non subisce. Sta al suo posto e fa con gioia la sua parte.

1144   Fare le cose per dovere è pesantezza. Fare le cose per amore è leggerezza.

1145   Chi è un maestro? Un maestro è chiunque ha qualcosa che vi serve. È colui che, col suo agire, vi sta mostrando qualcosa che ancora non vi appartiene, ma a cui aspirate.

1146   Un pensiero positivo può essere non costruttivo? Lo è quando riguarda altro da voi, o riguarda voi, ma in maniera talmente astratta da non potersi trasformare in realtà.

1147   Il dare e il ricevere sono sempre in equilibrio. Chi vive nelle apparenze pensa sia vero il contrario.

1148   Se l'uomo non offre qualcosa in cambio di ciò che vuole ricevere, non lo riceverà veramente.

1149   Vogliamo sempre che le cose cambino: siamo noi che dobbiamo cambiare il nostro modo di giudicarle.

1150   Il miracolo è un evento che avviene secondo le leggi della vita e non contro di esse.

1151   Non vediamo il mondo com'è, ma come ci appare in base a come ci siamo costruiti.

1152   Intuire, dal latino *intueri,* vuol dire vedere dentro. L'intuizione e la chiarezza sono due aspetti molto legati. La chiarezza è vedere dove siete e l'intuizione è incominciare a vedere un po' più lontano.

1153   Facendo sempre il possibile, un giorno ci renderemo conto di aver fatto anche quello che ritenevamo impossibile.

1154   La paura è la somma delle nostre potenzialità bloccate.

1155   La via della libertà consiste nello sgretolamento del rifiuto.

1156   Nel mondo dell'essere, per diventare ciò a cui aspiri, devi dare quello che sei.

1157   Il limite è un confine che imprigiona e delimita l'amore.

1158   Il giudizio e l'accusa ci disorientano.

1159   Non accettando una situazione, la riconfermiamo.

1160   Mente costante: fare tutto quello che va fatto al meglio senza aspettarsi un risultato.

1161   Amare è: nella mia vita c'è posto per te così come sei.

1162   L'amore è un impegno.

1163   L'amore comincia col dare attenzione.

1164 Togliere l'attenzione incomincia con piccoli pensieri di separazione, apparentemente innocui. Incominciano quasi sempre con la parola *io* o con la parola *mio*.

1165 Togliere l'attenzione significa iniziare a togliere l'amore.

1167 Il contatto con l'anima si riconosce dalla chiarezza.

1168 La vera ricchezza è il collegamento con la Fonte.

1169 La fiducia è più importante delle capacità.

1170 La mancanza di fiducia si esprime nel corpo come pigrizia, nelle emozioni come paura e nella mente come negazione.

1171 La paura e l'ignoranza sono all'origine della violenza.

1172 Il rifiuto è l'origine della sofferenza e anche della malattia.

1173 L'unica, reale difficoltà è far diventare l'amore più grande delle difficoltà.

1174 L'accettazione è perdono.

1175 L'odio si estingue con la comprensione.

1176 Gli idoli si trasformano in nemici.

1177 Che la mia vita sia l'espressione di ciò che ho scelto!

1178 In natura, la paura, come il dolore, dura un tempo: deve cominciare e finire. È però possibile prolungarli artificiosamente.

1179 L'aspettativa, o ansia del risultato, impedisce quasi sempre il risultato stesso.

1180 Il risultato delle vostre azioni è nelle mani di Dio, quindi non è una cosa di cui vi dovete occupare.

1181 Occuparsi di qualcosa che non è ancora accaduta, e forse non accadrà mai, significa pre-occuparsi.

1182 Regola d'oro che vale per tutto, oggetti, comportamenti, attitudini o altro: utilizzare ciò che funziona, mettere da parte ciò che non funziona e ripararlo appena possibile.

1183 Per avere chiarezza bisogna togliere.

1184 Una mente spaventata afferma il negativo.

1185 L'affermazione del negativo sancisce l'impossibilità e crea il limite. Servirà un lungo lavoro per liberarci del limite che abbiamo creato affermandolo.

1186 Qualunque sia il vostro amore, se lo coltivate, e riferite tutto a lui, egli funzionerà e farà funzionare anche tutto il resto. Così, ciò che gli avete donato, ve lo restituirà moltiplicato.

1187 Dall'amore che ci mettete dipende l'amore che ricevete.

1188 Senza amore non si fa niente.

1189 Se voi conosceste la vostra anima, sapreste anche perché siete qui.

1190 Se accusi è perché vivi una vita disperata dove tu non esisti. È un disagio che proietti all'esterno sotto forma di giudizio che poi diventa accusa.

1191 Accusando chiunque, in realtà, accusi te stesso. Lascia perdere: perdonati, accettati e amati. Allora sarai finalmente libero di esistere. Esisterai nel pieno rispetto di ciò che sei e nella consapevolezza del tuo valore.

1192 In ogni momento puoi tornare intenzionalmente nel luogo, dove tu esisti.

1193 Solo ciò che è intenzionale ha valore.

1194 Le accuse sono convinzioni che vanno all'attacco.

1195 Le convinzioni svolgono la funzione di salvaguardare l'identità.

1196 L'identità è l'idea e la definizione di noi stessi, con cui ci identifichiamo. È l'immagine di noi che offriamo al mondo e con cui ci presentiamo.

1197 L'identità è per la vita ciò che la carta di identità è per l'anagrafe. Essa ci rappresenta in ogni situazione, in ogni relazione e in ogni evento della nostra esistenza.

1198 Una delle più grandi paure dell'essere umano è quella di perdere l'identità. Senza di essa l'uomo crede di non poter esistere.

1199 Le convinzioni hanno la funzione di negare tutto ciò che è nuovo e sconosciuto e riaffermare tutto ciò che è conosciuto e quindi sicuro. In tal modo riaffermano l'identità.

1200 Identità, letteralmente, significa immutabilità. Significa rifiuto a cambiare e volontà di rimanere identici.

1201 L'identità è *la condizione senza cambiamenti* cui aspira la volontà di controllo.

1202 La volontà di controllo è la reazione della mente impaurita di fronte a ciò che non conosce.

1203 L'identità è una bugia perché l'immutabilità non esiste.

1204 C'è una sola cosa immutabile: il fatto che tutto cambia.

1205 L'identità che dovrebbe servirmi, in realtà, mi imprigiona perché rende invisibili tutte le opportunità che il cambiamento mi offre.

1206 Accuso perché vivo in un mondo piccolo i cui confini sono dettati dalle parole Io e mio.

1207 L'accusa e il limite sono una cosa sola. Se tolgo l'accusa, il limite si dissolve e viceversa.

1208 Togliendo l'accusa, il muro del limite crolla. Vuoi essere libero? Smetti di accusare!

1209 Togliendo l'accusa si affievolisce l'identità e cresce la libertà.

1210 Sapete perché è difficile riconoscere le cose di noi che non hanno funzionato? Perché, se possiamo dare la colpa a qualcuno, non le vediamo.

1211 Rinunciare agli alibi è un ottimo proposito.

1212 Se la vostra vita non funziona, è a causa della guerra interiore. Tutte le forze dentro di voi che collaborando potrebbero produrre un risultato, si dilaniano l'un l'altra e consumano l'energia nel combattersi vicendevolmente. L'energia dissipata nella guerra non è più disponibile per la vita reale.

1213 L'impotenza è la conseguenza della divisione. Ciò vale per un popolo, una comunità, una famiglia, ed anche per un singolo individuo. L'individuo è impotente quando la sua personalità è divisa, frammentata in tante piccole sub-personalità che non riescono mai a mettersi d'accordo e sono spesso in aperta competizione. *Conflitto interiore* è un buon nome per questa situazione.

1214 Il dolore diventa necessario solo quando insistete nel giustificare l'errore. Se non lo fate, non c'è bisogno del dolore, c'è solo bisogno di lavorare.

1215 Una nuova coscienza apre la strada verso un nuovo modo di essere, una nuova entità: voi potete essere quella nuova entità.

1216 Saper chiedere è grande forza e coraggio. Lo stesso può dirsi del saper cercare. In entrambi i casi significa non aver paura delle risposte, non aver paura dello sconosciuto.

1217 L'uomo che chiede ed è capace di ascoltare veramente la risposta, è raro. L'uomo che chiede, ascolta e concepisce il cambiamento è rarissimo. L'uomo che chiede, ascolta, concepisce il cambiamento e lo realizza è raro all'inverosimile.

1218 La trasformazione è il passaggio da un mondo vecchio a un mondo nuovo. Esiste un momento in cui siete nella terra di nessuno: il mondo vecchio non c'è più, il mondo nuovo non c'è ancora. Allora dovete ricordarvi chi siete e dove stavate andando.

1219 Quando verificate che in voi si produce la trasformazione, quello è il cammino giusto.

1220 Tutte le difficoltà sono la medesima difficoltà. Un uomo integro non conosce difficoltà, quindi la difficoltà è la debolezza che nasce dalla divisione.

1221 Il ladro che non ruba per il timore della pena, non smette per questo di essere ladro.

1222 Il fanatismo è la totale identificazione in una cosa che vive per il solo fatto di essere contro un'altra. L'unica ragione di vita del fanatico è combattere il nemico. Il nemico è quindi colui da cui il fanatico riceve la vita. Ciò non potrebbe avvenire se la cosa non fosse reciproca.

1223 Avere una direzione significa avere riconosciuto un valore e incominciare a perseguirlo.

1224 In ogni istante potete avere solo una direzione, non potete averne due.

1225 Serve una strada per produrre la chiarezza: una strada esatta, precisa, verificabile e ripetibile ogni volta che serve. Questa strada consiste nel togliere. Togliere tutto ciò che è dannoso o inutile: pensieri limitati, illusori o inconcludenti, parole inutili, emozioni negative, azioni insensate. Quando togliete tutto ciò che non serve, ciò che resta è chiarezza e visione. Bisogna togliere la nebbia per vedere.

1226 L'impossibile non è un oggetto concreto, che può essere visto, toccato e percepito. L'impossibile non esiste nel mondo. Dove esiste allora? L'impossibile esiste solo nella mente.

L'impossibile appare nella mente non appena si lascia dominare dalla paura o dalla pigrizia. Allora smette di concepire e incomincia a negare.

1227 Di che cosa è fatto l'impossibile? L'impossibile non è un oggetto della realtà. L'impossibile non è un pensiero nativo della mente, perché è indotto dalla paura o dalla pigrizia. Che cos'è allora l'impossibile? L'impossibile è un pensiero, frutto del cattivo funzionamento della macchina umana. L'impossibile è l'impotenza che si manifesta nell'uomo allorché perde l'integrità e smette di funzionare in modo naturale. L'impossibile è la divisione interna all'uomo che diventa negazione della vita.

1228 Una cosa per esistere deve prima essere concepita. La liberazione dalla schiavitù richiede il concepimento della libertà.

1229 Ogni certezza è l'affermazione di un limite.

1230 Le certezze sono la negazione della Verità non la sua affermazione.

1231 La guerra è l'affermazione armata di una certezza.

1232 Il vincitore è il più grande dei perdenti: ha ottenuto la ragione, ma ha perso la verità.

1233 La folla è la follia. Segui la folla e ti ritroverai folle, esci dalla folla e ti ritroverai con te stesso.

Indice

Nella stessa collana:

Essenzialità

Mille Pensieri di Libertà

Le leggi di funzionamento

Lo stratega

Incontri vol.1

Incontri vol.2

Incontri vol.3

Finito di stampare nel mese di Dicembre 2014
per conto di Youcanprint *Self - Publishing*

www.ingramcontent.com/pod-product-compliance
Lightning Source LLC
LaVergne TN
LVHW010326200726
843507LV00010B/1379